교사가 되려 합니다

오늘의 교사가 내일의 교사에게 던지는
•———— 10가지 질문 ————•

다봄교육

교사가 되려 합니다

윌리엄 에이어스William Ayers 지음
유성상 옮김

ABOUT
BECOMING
A TEACHER

2022년에 1학년이 되는 엄청난 기적,
넬라 마리(Nala Marie)에게

차례

옮긴이 서문 **8**

1 그럼에도 불구하고, 왜 교사가 되고 싶은가? ——————— **15**

2 지금 당장, 무엇을 준비해야 할까? ——————— **43**

3 각양각색의 학생들, 어떻게 이해해야 할까? ——————— **69**

4 교실, 어떤 배움의 공간으로 만들 것인가? ——————— **89**

5 교육과정, 끌려갈 것인가 이끌어갈 것인가? ——————— **113**

6 표준화시험 시대의 학생 평가, 어떻게 다룰 것인가? ——— **135**

7 교실 질서, 어떻게 민주적으로 유지할 수 있을까?——— **157**

8 학부모와 동료 교사, 어떻게 협력할 것인가? ——————— **185**

9 나만의 가르침, 무엇을 특색으로 삼을 것인가? ————— **201**

10 당신이 꿈꾸는 이상적인 교사상, 어떻게 이룰 것인가?—— **215**

후기 학교 가는 첫날이다. 자, 출발! **230**

왜 교사가 되려 하는가?

윌리엄 에이어스는 교사가 되고 싶은 사람에게 '왜 교사가 되려고 하는가' 직설적으로 묻는다. 그리고 자신의 주장을 설득력 있게 펼치며 그 질문에 가장 효율적으로 답할 수 있게 이끈다. 이는 그의 폭넓은 교사 이력(유치원 교사-초중등학교 교사-대학교수)이 바탕이 되었기에 가능하다. 그가 던지는 10개의 질문은, 준비된 교사의 길로 가기 위해 반드시 통과해야 할 관문인 동시에 명확한 목적지를 안내하는 길잡이가 된다.

그런데 사실 이 질문에 답하기란 쉽지 않다. 교실을 어떻게 꾸며야 할지, 교육과정에 자신의 소신을 담을 수 있는지, 다들 치러야 한다고 여기는 시험에 어떻게 대처해야 할지, 교사의 지도에 따르지 않는 학생을 어떻게 이끌어야 할지, 상대하기 어려운 학부모나 동료 교사들을 어떻게 대해야 내 교육방식을 지지하게 할 수 있을지 등. 관련 전문 학술서만 하더라도 수십 권이 넘을 정도로 다양한 견해가 있는 질문들이기 때문이다. 그러나 에이어스의 노련한 감각과 훈련된 글을 통해 우리는 여러 논쟁 속에서도 어떤 것이 보석처럼 빛나는 내용이고, 무엇에 초점을 맞춰 시각을 정립해가야 할지 알 수 있다.

학교교육을 바라보는 에이어스의 관점은 매우 진보적이다. 한마디로 그는 시험을 통해 경쟁을 강화하는 신자유주의적 교육개혁과 다양한 책무성 기제를 통해 학교교육의 장에서 교사의 자율성을 짓누르는 최근의 변화에 반대한다. 인권으로서의 교육을 비켜가려는 공교육의 민영화와 시장화에 분노한다. 교육개혁의 주체를 교사·학생·학부모·지역사회가 아닌 기업형 개혁가들로 대체하고 교육을 수단화하며 정치적 야망과 경제적 이득을 챙기려는 시도에 단호히 맞서야 한다고 주장한다.

에이어스의 문제의식은 이 책이 포함된 소책자 시리즈 『학교: 질문School: Question』에서 분명하게 드러난다. 그는 자신이 기획하고 펴내고 있는 이 시리즈 도서들이 "현기증 날 만큼 복잡하게, 때로는 신비화하며 논점을 흐리게 하는 공교육 정책과 교육 현실에 관한 최근의 논쟁을 새로운 시각으로 들여다보는 데 촉매 구실을 하기를 바란다"라고 밝혔다. 변덕스럽고 절망적인 시대를 살고 있지만, 그는 우리가 인간성이라는 대의를 선택하리라 믿는다. 좀 더 평화롭고, 좀 더 서로 인정하며, 좀 더 평등하고, 좀 더 접근 가능하고, 좀 더 공정한 사회를 위한 투쟁을 멈추지 않음으로써 말이다. 따라서 에이어스는 교사가 되려는 사람은 교육을 교육답게, 사회를 더욱 정의롭게 만드는 과정에 참여해야 하며, 이런 헌신하는 마음을 지녀야 한다고 강조한다.

나는 에이어스의 이러한 관점에 전적으로 동의한다. 더 나아가 교사를 교육하는 자리에 있는 나에게는 또 다른 질문이 남겨졌다. "어떻게 하면 탁월함을 지닌 교사를 길러낼 수 있을까?" "교사의 능력이 타고나는 것이 아니라면 어떤 교육체계에서 능력과 실천력을 겸비한 교사를 양성할 수 있을까?"

미국의 교사와 한국의 교사는 사회적 지위가 매우 다르다. 심지어 미국에는 교사를 양성하고 선발, 임용하는 제도와 기준이 주마다 다르며, 이렇다 할 만한 국가 차원의 통일된 기준이 없다. 초등학교 교사가 되려면 교육대학에서, 중고등학교 교사가 되려면 사범대학에서 공부하고 국가가 주관하는 임용고시를 통과해야 비로소 교단에 설 수 있는 한국과 사뭇 다르다. 그 결과, 미국의 교사와 한국의 교사에게 요구하는 자질과 능력 또한 다르다. 동일한 사회 안에서조차 어떤 방식으로 교사를 배출해야 하는지, 그 이유는 무엇인지 의견이 하나로 모이기는 어렵다.

그러나 '어떤 사람이 교사가 되어야 할까' '교사가 되려는 사람이 갖춰야 할 덕목과 기술은 무엇일까'는 꽤 오래전부터 제기된 질문이다. 고대 그리스 철학도, 신권 통치에 기반했던 중세 교회도 이런 질문을 던졌다. 공교육 체계를 만들고 발전시킨 서구 사회는 물론, 교육개혁의 광풍이 몰아친 1980년대 한국에서도 학교교육의 핵심 질문으로 제기되었다. 인공지능을 앞세운 4차 산업혁명과 미래 교육의 화두에서도 '교사의 자질과 정체성'은 논쟁의 중심에 있다.

예비 교사뿐만 아니라 코로나19 바이러스가 덮친 전 세계 교육 현장의 교사 또한 이런 오래된 '미래의 질문'에 구체적이고 현실적이며 타당한 대답을 실천으로 보여줘야 할 상황에 놓여 있다.

사실 시대가 변하고 배움의 중요한 내용이 바뀌는 상황에서도 가르치는 사람은 어떤 사람이어야 하며, 이들이 갖춰야 할 원형이 어떤 것인지는 크게 바뀌지 않았다. "어떤 사람이 교사가 되어야 하는가" "교사는 어떤 자질을 갖춰야 하는가"라는 질문은 "교사의 전문성은 무엇인가"라는 질문과 같다. 이 질문에는 지식·도덕·윤리·심리·사회관계적 측면에서 탁월한 능력과 실천을 갖춰야 한다는 포괄적인 답변이 따라오기 쉽다.

그래서 끝으로 나는, 방향을 조금 달리하여 독자에게 한 가지 질문을 던지려 한다. "우리 사회의 교사는 누구인가?" 이 책의 독자가 실제 교사로 살고 있는 이들의 환경과 그들의 신뢰, 기대, 약속, 실망, 절망, 불신 등을 확인하고 그 원인을 검토함으로써 교사라고 불리는 직업과 활동을 이해하는 작업을 이어나갈 것을 권한다. 교육 현장에서 어떠한 정체성을 지니고 무엇을 실천하고 있는지 확인하면서 참교육에 관한 생각을 모으고, 우리 교육이 앞으로 어떻게 바뀌면 좋을지 토론하는 자리를 꾸준히 만들어나가기를 바란다.

　이 책을 번역, 출간할 때까지 애써주신 모든 분께 감사의 마음을 전한다. 연구년 동안 한국을 떠나는 나에게 번역을 맡겨주신 다봄교육 김명희 대표님을 비롯해 편집부, 신병근 디자이너에게 감사 인사를 드린다. 코로나19 탓에 계획했던 것보다 집에 머무르는 시간이 길었던 2020년이었지만, 그렇다고 그 시간을 고스란히 일에 집중할 수 있었던 것은 아니다. 그럼에도 불구하고 이렇게 교사가 되려는 분들에게, 이미 교사로 현장에서 활약하고 있는 분들과 교육에 관심 있는 분들에게 이 책을 소개할 수 있게 되어 감사하다. 이 책을 통해 교사와 교육을 향한 관심과 열정이 더 커질 수 있기를 기대해본다.

2021년 2월 유성상

1

그럼에도 불구하고,
왜 교사가 되고 싶은가?

ABOUT
BECOMING
A TEACHER

혹시 기성 도덕관에 얽매인 머리와 마음가짐으로 교사가 되려 하는가?

그렇다면 교사와 교직에 관해 늘 들어왔던 지혜,

상투적인 수법, 대중적 이미지를 경계해야 한다.

아니, 과감히 떨쳐내야 한다.

교사가 되고 싶은가?

아주 멋진 생각이다. 한번 해보는 거다!

나는 교사를 열정적으로 응원하고, 훌륭하게 가르치는 일을 열렬히 지지하는 사람이다. 따라서 교사가 되고 싶다는 당신의 선택에 일말의 주저함 없이 본능적으로 박수를 보낸다. 당신의 선택을 끝까지 꾸준히 밀고 나가시라.

그런데 교사가 된다는 것에 너무 우쭐해하지 말자. 우선 당신에게 교사라는 직업이 정말 맞는지, 다시 말해 당신이 정말 멋진 학교 교사가 되는 데 적절한 기질과 잠재력을 갖췄는지 곰곰이 따져보자. 교사가 되겠다는 생각에 자긍심을 느끼거나 열렬한 환호에 사로잡히기 전에, 교사가 되는 길에 너무 깊숙이 들어서기 전에 말이다. 굳이 정말 멋진 교사가 아니라 나름 성공한 교사가 되려고 해도 마찬가지이다. 우리는 가장 기본적이며 근본적이라고 할 만한 질문 몇 가지부터 살펴보려 한다. 이를테면 "도대체 가르친다는 게 무엇인가?" "어떻게 가르치는 것이 잘 가르치는 것인가?" "우리가 이른바 '교사'라고 부르는 사람들은 도대체 누구인가?"와 같은 질문이다.

그러기 전에 먼저 답변해야 할 다음 질문에 대해 생각해보기를 바란다. 아주 짧고 간단한 질문이다.

누가 당신에게 '절대' 교사가 되지 말라고 한 적이 있는가? 친구 또는 동반자가? 부모님이? 아니면 형제 중 누가? 혹시 이들이 당신의 꿈은 적절하지 않다고, 웬만하면 다른 직업을 찾아보는 편이 어떻겠느냐고 하지는 않았는가? 당신이 좋아하는 교사나 당신에게 영감을 불러일으킨 어떤 이의 흥분할 만한 발자취를 좇아 당신도 교사가 되고 싶다고 했을 때, 교사로서의 삶에서 맞닥뜨려야 하는 문제를 하나하나 구체적으로 거론하면서 말이다. "네가 무슨 일을 하든 다 좋지만, 교사만은 안 돼." 이런 상황에 놓였다면 분명 가슴이 철렁 내려앉는 충격을 받았을 것이다.

이 사람들은 당신을 아낀다고 할 만한 사람들 아닌가? 이 중에는 심지어 당신을 사랑한다고 할 만한 사람도 있다. 이들의 진심 어린 충고를 어떻게 무시할 수 있겠는가? 내가 알기로 그것은 쉬운 일이 아니다. 나도 꽤 오랫동안 교사가 되지 말라는 조언을 더운 여름날 파리 떼처럼 많이 들어왔기 때문이다. 조언이랍시고 하는 이런 말들은 아침부터 저녁까지 온종일 귓가를 맴돌며 나를 괴롭혔다. 이런 조언을 무시하는 것은 애초에 불가능했다. 게다가 이런 말을 꺼내지 못하도록 못 박는 일은 제대로 성공한 적이 한 번도 없다.

오래전에 변호사와 결혼한 뒤로 나는 법조인들과 자주 어울렸다. 초등학교와 중학교 그리고 유치원 교사로 꽤 오랜 시간을 보낸 내 경험은 와인을 곁들인 법조인들과의 사교 모임에서 뻔한 질문과 뻔한 대답으로 이어지는 대화 소재였다.

변호사 직업이 뭐예요?

나 유치원 교사예요(몇 년 전에는 소년원 학교 교사 또는 중학교 교사였다).

변호사 (안쓰러운 표정으로) 분명 **재미있을** 거예요. 그렇죠?

그는 바로 이 시점에서 진짜 재미있는 사람과 이야기하려고 부랴부랴 자리를 옮긴다.

물론 지금 교사인 사람들 또는 교사가 되겠다고 준비하는 많은 사람들은 이 길이 자신에게 맞는 삶의 방향인지 다시 생각해보라거나, 극적인 변화를 고려해보면 어떻겠냐거나, 다른 직업을 찾아보면 어떻겠냐는 조언을 들어본 적이 있을 것이다. 교사를 직업으로 택하면 부자가 될 수 없다는 충고도 들었을 것이다. 물론 틀린 말은 아니다. 별로 도움 되지 않는 이런 조언에 아마도 당신은 "됐어, 됐다고!" 이렇게 대응했을 것이다.

그런데 만약 당신이 세상 물정을 모르는 탓에 교사가 되면 신기하리만치 부자가 된다는 꿈을 꾸어왔다면, 지금 당장 꿈을 깨버리라고 말할 수밖에 없다. 나는 왜 그래야 하는지 설명할 수 있다. 그러나 짐작하건대 당신은 교사가 당신을 부자로 만들어주리라는 생각은 꿈에도 하지 않을 것이다. 더욱이 교사가 되는 일을 다른 많은 직업과 뭔가 다르다고 생각했다면, 재산을 긁어모은다거나 교실에서 돈이 가득 든 통을 굴리는 모습은 상상도 하지 않았을 것이다. 당신이 이런 손쉬운 돈벌이를 바라고 교사가 되겠다고 마음먹었을 리가 없다.

잊을 만하면 친구나 가족들이 한 번씩 경고했을지도 모른다. 매일 하고 있는 일에 대해 교사가 마땅히 받아야 할 존경심을 얻지 못하니 주의하라고 말이다. 다달이 받는 봉급이 사회적 위신이나 공동체의 존경과 반드시 일치하는 것은 아니라고 생각할 수 있다.

그런데 이 점만큼은 분명히 짚고 넘어갈 필요가 있다. 나는 학교 교사로 일하기도 했지만, 몇 년 동안 항만 노동자로, 무역선 선원으로, 트럭 운전사로도 일했다. 이 각각의 직업에서 번 돈은 교사로 일하면서 번 돈보다 많았다. 일한 만큼의 급료를 챙기면서 많은 임금을 받는다는 것에 더해 한 가지 더 좋은 점이 있었다. 업무가 끝나면 일터에서 하던 일에 더는 신경 쓰지 않아도 된다는 것이었다. 이것은 교사라는 직업이 하루 24시간 내내, 일주일 내내 사람을 지치게 하는 특성과 정반대이다. 교직은 해결해야 할 모든 문제, 놓친 기회, 앞으로의 계획 등이 시도 때도 없이 교사를 괴롭힌다. 그렇지 않다 해도 그런 생각이 적어도 며칠 동안 또는 몇 주에 걸쳐 교사의 머릿속을 떠나지 않을 것이다.

미국 교사들의 평균임금은 대학 졸업생들이 받는 임금 수준의 77퍼센트이다. 이런 사실은 교사들에게 수치심을 불러일으킨다. 그런데 더 어처구니없는 사실은, 교사들이 끊임없이 화

려한 쇼를 연출하는 정치인들의 샌드백이 되고 있으며, 머리
에 든 것 없이 말만 잘하는 사람들이 우리가 직면한 사회적 병
폐를 지적하기 위해 교사를 편리한 먹잇감으로 삼고 있다는
점이다. 교사는 이른바 공무원이라는 한직에서 잘 가르칠 마
음이라곤 없는 게으른 직장인으로 치부된다. 그런가 하면 교
사는 이기적인 특수 노동조합이 방어해주는 무능력한 직업
인으로 비치기까지 한다. 교사는 하는 일에 비해 너무 많은
돈을 벌고, 주정부와 시정부의 예산에 구멍을 내는 집단이며,
게으르고 무능하다는 것이다. 또한 마약과 알코올 문제, 10대
의 임신, 자살, 중국의 경제도약 등을 막아내지 못하는 책임이
교사들에게 전가된다. 교사를 둘러싼 공방은 이렇게 시작한다.
　말할 필요 없이, 요즘 교사들은 가혹한 시련을 겪고 있다. 부
분적으로는 '개혁'이라는 기치 아래 권력을 쥐고 있는 강력하
고 시끄러운 세력이 교사들의 권한과 전문성을 축소하려고 무
던히 애쓰고 있다(교사가 전혀 개입할 수 없는 교육과정이라든가 가상
수업 또는 온라인학교 같은 것이 예라고 할 수 있다). 교사를 일종의 사
무원이나 감독관으로 취급하기 때문이다. 그리고 교사가 열심
히 노력해 이루고자 하는 관계 증진자나 계몽·해방·변혁의
대리인 역할을 축소하려고 애쓴다. 이런 '개혁가들'은 교육을

시장에서 사고팔 수 있는 상품으로 여기며, 생동감 넘치는 기능을 하는 학교의 다양한 측면을 민영화하려고 한다. 그리고 위만 쳐다보고 있는 학생의 수동적인 머리에 지식을 쏟아붓는 공장의 조립라인 노동자로 교사를 이미지화한다. 이들에 따르면, 교사는 유치원부터 고등학교까지 학교라고 불리는 컨베이어벨트 위에서 차례대로 다가오는 학생들에게 필요한 작업을 할 뿐이다. 이런 개혁가들이 심오하게 내놓는 개혁안이라는 것은 관점이 아주 분명하다. 이들은 공교육을 온전히 집어삼키고 싶어 한다.

그렇다고 희망이 아주 없는 것은 아니다. 아이들과 청소년은 누가 자신에게 더 관심을 기울이는지, 누가 자신을 소중하게 여기는지, 누가 자신에게 도전정신을 불어넣고 자신을 도와 성장하게 하는지, 결국 누가 자기편을 들어주는지 잘 안다. 학생은 훌륭한 교사를 소중하게 여긴다. 학부모 또한 다르지 않다. 당신에게 진실되게 귀 기울이는 사람은 바로 학생과 학부모이며, 배움과 관련해 당신에게 평생의 협조자가 될 것이다.

'개혁가들'의 이런 성과는 전혀 의도된 것이 아닐 수도, 어쩌면 고도로 계획된 것일 수도 있다. 그런데 이들의 주장에서 산업혁명 초기부터 만들어져 각인된 교직의 이미지가 떠오른다. 혁명가 카를 마르크스(1818~1883)는 도서관에서 경제학·역사·철학을 공부하면서 변증법적 유물론의 초기 이론을 정립했다. 마르크스 당대의 아주 유명한 작가 찰스 디킨스(1812~1870, 『크리스마스 캐럴』『두 도시 이야기』)는 노동계급·하류계층과 운명을 같이한 사람이다. 그는 공리주의 철학과 복잡다단한 인간 삶의 불꽃 튀는 실제를 희생하고서 얻은 평균과 통계분석에 매달리는 산업자본주의의 지나치고 노골적인 약탈행위에 맞섰다.

나는 마르크스와 디킨스의 두상이 런던 대영박물관의 거대한 독서실을 가로질러 마주 보고 있는 광경을 기억한다. 그들은 자신들의 저작에 완전히 몰두하게 만드는 인물들로, 저항의 씨를 심고 근본적인 변화를 내다보게 하는 진보적인 말을 각자의 책 속에 새겨 넣었다.

디킨스의 열 번째 소설 『어려운 시절Hard Times』은 '사실'과 '공상'을 인상적으로 맞교환하는 방식으로 말문을 열면서 교육의 기초에 관한 나름 괜찮은 생각을 전달한다. 교실에서 일어나는 이런 존경할 만한 일상의 묘사는 오늘날 모든 국면에서 등장하고 있다. 이것이 지금처럼 공교육과 교사들에게 어렵고 고단한 시기에 내가 거듭 학교교육으로 회귀하는 이유이기도 하다. 당신 또한 교실에서 울리는 내 메아리를 들을지도 모르겠다.

이름에 딱 걸맞게도 그래드그라인드Gradgrind는 코크타운 Coketown이라 불리는 산업도시에 학교를 갖고 있다. 그는 자기 학교를 위해 막 고용한 교사 음초아쿰차일드M'Choakumchild에게 정갈한 교육과정과 교수법에 관한 일장 연설을 늘어놓는다.

"자, 내가 원하는 것은 사실이에요. 이 아이들에게 오직 사실만 가르치세요. 세상살이에는 그저 사실만이 필요하죠. 공연히 다른 것을 가르치지 마세요. 사실이 아닌 것은 아예 뿌리째 뽑아내세요. 생각하는 동물(인간)의 마음은 '사실'로 만들 수 있습니다. 인간의 마음을 기르는 데는 사실 말고는 별 도움이 안 됩니다. 이게 제가 우리 학생들을 가르치는 원칙입니다. 다시 한 번 말하지만, 이것이 제가 우리 학생들을 가르치는 원칙입니다. 오직 사실만, 알겠습니까 선생님?"

이 두 사람은 학생들을 바라보았는데, 아이들은 마치 들어 올려진 텅 빈 '배'의 앞부분처럼 보였다. "각 배는 차례대로 배열되어, 사실들이 자신들에게 홍수처럼 쏟아부어져 배의 가장자리까지 가득 차기를 기다렸다."

그래드그라인드는 자신의 주장을 확실히 하기 위해 "여자 20번"이라는 아이를 불러세웠다. 이 아이의 아버지는 마부였는데, "여자 20번"에게 말을 정의해보라고 했다. 여자아이가 더듬거리며 제대로 대답하지 못하자, 그래드그라인드는 지체 없이 혼을 냈다. "여자 20번, 너는 말이 뭔지 모르니? …… 여자 20번, 너는 가장 평범한 동물에 관한 사실을 전혀 배우지 못했군." 그는 얌전히 서서 다음과 같이 내뱉는 남자아이를 돌아봤다. "(말은) 네발짐승으로 곡식을 먹습니다. 이빨은 40개가 있는데, 그중 24개는 어금니이고 4개는 송곳니, 12개는 앞니입니다." 그러고도 그 아이는 그래드그라인드가 인정한다는 듯 고개를 끄덕이고 메모할 때까지 계속해서 숫자와 모범 답안을 쏟아냈다. "여자 20번, 이제 말이 무언지 알겠지?"

물론 여자 20번은 말뿐만 아니라 다른 것에 관해서도 많이 알고 있다. 여자 20번은 3차원적 인간으로 다른 인간과 똑같이 주체성과 마음, 영혼과 정신과 육체, 경험과 희망과 꿈을 지니고 있다. 다른 사람에 대한 동정심도 있을 테고, 아름다움에 대한 감각도 있을 것이다. 여자 20번은 상상력도 풍부해서 이를 환상이라고 일컫는다. 그래드그라인드가 질색하지는 않더라도, 매우 부적절하다고 할 만한 모든 기질 말이다.

(누가 아주 적절하게 "순진한 자들의 죽음"이라고 표현한) 이 책의 도입 부분에서 디킨스는 시간과 장소를 불문하고 어디에나 있었던 전제적인 교실을 폭넓게 그려 보여준다. 인간의 자연적인 기질과 동정심을 짓밟고 뒤틀려고 하는 이런 부류의 '감정을 쏙 뺀 사실 교육'의 힘을 다시 돌아보게 한다.

내 생각에는 어느 누구도 이런 식의 교육으로 돌아가는 것을 바라지 않을 듯하다.

(디킨스의) 이 장면은 어느 사회에서나 힘 있는 사람이 자신의 이익을 관철하기 위해 학교를 짓는다는 사실을 보여준다. 군주들은 교육을 통해 무엇보다 자신에 대한 충성을 맹세하게 했으며, 신권정치는 정통과 순종을 가르치기 위해 학교를 세웠다. 시공간을 막론하고 학교는 사회의 거울이자 창으로 기능하며 사회질서를 유지한다. 따라서 우리는 지속하고 재생산해야 할 '사실의 홍수'라는 게 무언지 쉽게 상상할 수 있다.

그런데 여기서 놀랄 만한 일이 있는데, 영국 빅토리아시대의 학교교육이 소름 끼칠 정도로 현대의 미국 교실을 그대로 보여주는 듯하다는 것이다. 얼마나 이상한 일인가. 그렇지 않을 수도 있지만, 아마도 디킨스가 목도했을 빅토리아시대의 고압적인 이성, 잔인하고 전제적인 논리가 설치던 교실은 정확히 150년이 지난 지금 우리 앞에서 아주 익숙한 모습으로 재현되고 있다. 오늘날 전 지구적 금융자본의 요구가 그때와 몹시 비슷하기 때문이다. 잘 훈련받은 노동계층은 승자와 패자라는 경직된 위계체제로 나뉘어, 이 체제의 대부분을 차지하는 패자들은 감옥행과 실업자 신세를 면치 못하고 있다. 단 몇몇의 훈련된 관리자와 규율집행관 그리고 인구의 1퍼센트에 해당하는 소수만이 약탈적이고 침략적인 이 체제에서 자기 이득을 챙긴다.

당신이 여전히 교사가 되고 싶어 안달이니, 이 말을 꼭 해야겠다. 지금은 교사라는 직업이 특별히 불안정한 때라는 사실을 명심해야 한다. 그리고 앞에서 잠시 언급했듯, 교사가 된다고 해서 점잖치 못하게 부유한 사람들이 속한 포춘Fortune 500

위의 한 자리를 차지할 수도 없고, 유명인 대열에 낄 수도 없다. 아마 이 글을 읽는 대부분은 교사가 된다고 부자나 유명인이 될 거라는 생각은 한 번도 해본 적 없을 테니 사실 문제 될 일은 없다. 교직은 명성이나 재산, 돈, 사회적 지위와 관련된 것이 아니었잖은가. 이런 것은 다 잊고 계속해보자.

그런데 교직의 특성과 실재에 관한 본질적인 질문을 자세히 검토하기 전에 먼저 생각해봐야 할 숨겨진 장애물이 하나 더 있다. 대중문화와 언론매체에서 교사와 교직이 일반적으로 어떻게 비치는가 하는 문제이다. 이는 아주 큰 문제인데, 교사와 관련해 가장 익숙한 인상은 기껏해야 믿을 수 없는 존재이고, 경우에 따라 우둔함을 잘 감추는 이미지로 비치기 때문이다. 물론 우리 교사들이 생생하게 경험하는 것은 이런 인상과는 전혀 딴판이지만 말이다. 교사들은 마치 마술과도 같은 힘을 발휘해 의식을 가득 채우고 우리 생각 속에 미래를 그려내게 하고 있지 않은가.

영웅과도 같은 고독한 교사의 투쟁을 그린 〈폭력 교실Black board Jungle〉, 〈스탠드 업Stand and Deliver〉, 〈위험한 아이들Dangerous Minds〉, 〈프리 라이터스 다이어리Freedom Writers〉 같은 영화들이 있다. 인기가 많았던 이런 영화에 나오는 교사는 인내심 강한 모습을 보이며 유능한 비행 청소년들을 하수구 같은 환경에서 멋지게 건져내려 애쓴다. 끔찍한 가족, 썩은 내가 진동하는 동네, 비참한 친구들, 도무지 따라갈 수 없는 학교, 아무 관심을 기울이지 않는 교사 — 이때 등장하는 영웅과도 같은 교사는 사방에서 반대에 부딪치고 모든 사람에게 괄시받는다. 그러나 그는 끈질기게 참아내고 결국 이긴다. 교사의 가르침은 구원이며 극적인 드라마와도 같다.

맞는 말이다. 가르침은 한 편의 드라마이다. 어쩌면 그보다 더 대단할지도 모른다. 가르치는 일은 사람의 가장 깊숙한 곳에 자리한 지성과 헤아릴 수 없는 에너지의 저수지에 가 닿게 하는 매일매일의 힘겨운 노동이며 발견과 감탄, 즉흥성과 발명, 창의성과 상상력, 환희와 절망으로 가득 찬 극도로 복잡한 일이다. 교사는 가르치면서 극단적인 문제를 경험할 수도 있고, 고독한 시간과도 맞닥뜨릴 것이다. 언젠가는 지치고 무기력해지는 시간이 도래하고, 어쩌면 그런 무기력에서 헤어나지 못할 수도 있다. 이런 때가 되면 가르침을 재편하고 더욱 강해지기 위해 내면을 더 단단히 가다듬어야 할 것이다.

나는 이 책에서 앞으로 당신이 한 명의 교사로서 이런 상황에 잘 대처해나가고 생존할 수 있는 전략을 전해주려 한다. 그렇지만 교사의 가르침에 관한 이런 일반적인 이미지로는 교사가 매일 직면하는 실제 난관과 진짜 도전에 맞서 싸울 수 없다. 더불어 이런 이미지는 교수법이나 교육학 연구에 별 도움을 주지도 않는다. 그 어떤 것도 복잡하고 변화무쌍한 가르침의 실재가 무언지 잡아낼 만큼 충분히 넓거나 충분히 깊거나 충분히 생생하다고 할 수 없다. 어떤 것도 교실을 즐겁게 할 수 있는 경험이 무엇인지, 어떤 지식을 다뤄야 하는지, 윤리적 목적이나 도덕적 의미는 무엇인지, 학생을 더 성숙한 영혼으로 이끄는 방법은 무엇인지 직접 말해주지 않는다. 이런 이미지들은 마치 기업이 하는 일과 같다고 할 수 있다. 비록 인자한 모습으로 묘사하는 듯해도, 이런 일반적인 이미지에는 교직의 영혼이 무엇인지 인지해낼 수 있는 감각이 없다.

이런 상황에서 가장 시급하게 찾아내야 하는 것은 단호하고도 도덕적인 노력이다. 교직을 대하는 도덕적 관점은, 아주 넓고 번잡스러우며 얽히고설킨 영역으로서의 교직을 윤리적 행동으로 바라보게 한다. 혹시 기성 도덕관에 얽매인 머리와 마음가짐으로 교사가 되려 하는가? 당신은 교사와 교직에 관해 늘 들어왔던 지혜, 상투적인 수법, 대중적 이미지를 경계해야 한다. 아니, 과감히 떨쳐내야 한다. 특정 학부모나 지역사회,

아이들을 두고 흔히 말하는 비열하고 위험한 편견도 마찬가지이다.

뿐만 아니라 가르치는 일과 교사를 일종의 데이터로 '과학화한' 대부분의 연구에도 저항해야 한다. 이런 연구들은 교사를 평가한다며 이리저리 분해하는가 하면, 교사에 관한 말만 늘어놓지 정작 교사의 이야기는 듣지 않은 것이 대부분이다. 무엇보다도 교사의 업무를 학생의 성과에 도움이 되지 않는 것으로 묘사한다. '데이터 중심 가르침'을 기준 삼아 누가 메가폰을 들고 불평 섞인 고함을 지르고 있다면, 당신은 이와는 전혀 다른 이상향을 바라보고 진실된 태도를 지키라. 가르침과 관련해 데이터가 알려주는 것이 있기야 하겠지만, 가르침은 **학생 중심**이어야 한다. 교사인 당신은 무미건조하고 지루하기 그지없는 데이터의 노예로 전락하지 않고도 연구를 충분히 이해하고, 사실과 도표에 익숙해질 수 있다.

지금까지 피해야 하거나 애써 저항해야 할 점을 몇 가지 이야기했다. 이제는 부정적이기보다 긍정적인 이야기, 우울하기보다 밝고 희망찬 이야기를 해보자. 우선 가르치는 일의 영혼이 무엇인지, 당신 마음속에 담긴 가르침의 생생한 기대가 무엇인지, 당신에게 교사가 되라고 **불러낸** 흥분되는 꿈 또는 강렬한 소망은 무엇이었는지 이야기해보자. 당신이 가장 강렬하게 바라는 가르침의 이상은 무엇인가? 자유롭고 민주적인 사회에서 가르침은 어떤 모습이어야 한다고 생각하는가? 그리고 우리가 이른바 '교사'라고 부르는 사람들의 희망과 실천은 어떻게 이해해야 하는가?

이런 질문으로 시작해보자. 어떤 가르침이 최고의 가르침인가? 가르침의 미래 또는 현재는 무엇인가? 교사가 되도록 이끄는 핵심 요인은 과연 무엇인가?

교직에 들어서면서 이렇게 말하는 사람은 아무도 없을 것이다. "교사가 되어 교실에 들어서는 게 정말 기뻐. 내가 이 학생들을 승자와 패자로 구분해서 줄을 세울 수 있을 테니까 말이야." "내가 지금까지 꿈꿔온 것은 학생들이 시험에서 높은 성적을 받을 수 있게끔 매일 훈련하고 준비시키는 일이야." "나는 학급 경영 계획을 기가 막히게 짜놓았어. 내가 이 어린 바보들을 얼마나 잘 통제해 제자로 삼게 될지 보고 싶어 견딜 수 없군." 어떤 교사도 이렇게 생각하지 않는다 — 물론 그렇게 생각하는 사람이 있을지도 모르겠다. 그러나 적어도 이 책을 읽는 당신은 그렇게 생각하지 않는다. 이 책을 쓰는 나도 그렇게 생각하지 않는다. 가르치는 일을 하자고 모인 우리는 좀 더 희망적이고 인간적인 곳에 발 딛고 있지 않은가.

우리에게 가르치는 일을 하게끔 이끈 동기라면 아이들이나 청소년을 향한 애정 또는 사랑이 아닐까. 어쩌면 어린이들과 모험적인 동행을 하면서 뿜어져 나오는 긍정적인 기운 때문에 교사가 된 것은 아닐까. 어떤 교사에게 가르침이란 세계 또는 세계의 일부분(음악, 수학, 흑인 역사, 시, 기하, 지리 등)과 맺는 강렬한 관계이다. 이들은 이 세계가 주는 열정을 어린이들과 나누고 싶어 한다. 어떤 교사는 교육이 역사와 사회의 방향을 틀어 변화시킬 수 있다고 믿는다. 좀 더 온건하게 표현하면, 이들은 교육이 우리가 살아가는 지역을 바꿀 장래성 있는 사람을 키워낼 수 있다는 신념을 소중히 여긴다. 우리는 아이들의 삶과 더 큰 세상의 변화를 일궈낼 희망을 품고 교직에 발을 들여놓았다.

이런 기대와 희망 때문에 가르치는 일은 윤리적이고 지적인 작업으로 정의된다. 단순히 먹고살기 위한 직업을 넘어서, 일종의 소명이고 열정이며 천직이 된다. 사실 가르침은 소명 중에서도 으뜸 소명이다. 교사는 타인의 소명을 지키고 인도하며, 아이들이 자신의 소명을 선택하게 하고, 이들이 선택할 수 있는 세계를 확장한다. 교사는 학생이 자기 삶의 사명을 발견할 수 있도록 그들 앞에 놓인 모든 전망을 열어 보여주려 애쓴다. 교사가 되려는 사람은 분명 천성적으로 사려 깊고 배려심이 있어야 한다. 그렇다고 이 점을 너무 엄중하게 다루지는 말자. 교직도 분명 하나의 직업이니까 말이다.

당신이 어떤 사람인지, 교사로서 어떤 사람이 되고 싶었는지 정말 진지하게 생각해보고 그 답을 찾고자 하는가? 당신 자신을 본질적으로 탐구할 용기가 있는가? 자신을 탐구하려면, 자신의 강점과 실패를 기꺼이 함께 들여다봐야 한다. 이렇게 당신 자신을 탐구하려는 의지를 당신의 연구에 담아야 한다. 당신 자신에 대해 아직 모르거나 미처 이해하지 못한 점이 있다는 사실을 받아들일 수 있는가? 당신이 살아가는 동안 세계와 타인 그리고 당신 자신에 관해 새로 발견해내는 것과 이들을 발견하는 과정에서 얻는 감동이 당신의 가르침을 만들어가기를 바라는가? 당신은 이런 탐구를 일종의 인생 프로젝트로 만들어갈 수 있겠는가?

가르침의 지적이고 윤리적인 측면을 학교나 교실 같은 장소에서는 보기 어려울 수 있다. 이런 장소는 호기심을 짓뭉개고 상상력을 방해한다. 청소년들의 꿈을 꺾어버리기도 한다. 이를 고의라고 해야 할지, 아니라고 해야 할지 알 수 없다. 어쩌면 두 가지 모두일지 모른다. 이런 학교와 교실에서는 순응과 복종에는 보상이 따르고, 독창성과 용기와 도발과 창의성에는 벌이 가해진다.

이것이 이른바 '학교'라 불리는 곳에서 행해지는 잔인한 자기기만이다. 이런 학교교육이 가난하고 전통적으로 소외된 계층, 즉 옛 노예의 후손, 아메리카원주민, 식민지에서 건너온 이민자들에게 제공되었다. 대개 흑인이거나 유색인종인 아주 가난한 아이들이 이런 학교에 다녔다. 이들의 교실 수업은 계몽과 민주주의, 역량 강화와 진보라는 얄팍한 기치 아래 이어져 왔다. 이들을 위한 학교 수업은 너무나 뻔한 방식으로 인종과 계급에 따라 승자와 패자의 위계를 가차 없이 재생산하고 단속하게끔 작동해왔다. 미국 학교들의 이러한 폭력성은 체제의 유전자에 각인되어 굳어졌으며, 불공정하기 이를 데 없이 유지되고 있다.

교실은 이상적인 가르침과 제도화한 학교교육의 실재 사이에 갈등이 존재하는 공간이다. 이 갈등의 골은 영원히 메워지지 않을 것이다. 이렇게 다툼이 있는 공간인 교실에 들어서면서, 당신은 가르침의 첫 번째 원리를 좀 더 깊이 생각해봐야 한다. 이 첫 번째 원리는 매일 가르치기 위해 우리 마음을 다잡게 하는 도구가 된다. 가르침을 둘러싼 긴장과 갈등은 어느 시대에나 존재했다. 긴장과 갈등의 성격 또한 변하지 않았다. 오늘날 학교교육의 이상과 실재 사이의 갈등은 더 뚜렷해졌다. 우리는 학생을 사랑하고 학생의 배움을 소중히 여기고 싶어 한다. 그러나 표준화시험 결과라는 단일한 척도에 따라 학생의 학업성취도가 결정되고 교육 실천이 좌우되는 상황이며, 교실 수업 내용에서 예술이 사라지는가 하면 교사의 경험과 집단적 지혜가 거의 완전히 무시당하고 있다. 게다가 공적 영역이 사적 관리로 넘어가버리고 소수의 이익을 위해 공공기관이 체계적으로 해체되고 있다. 병적인 집착에 가까울 정도로 강력하게 말이다.

이런 현실에 우리는 크게 분노한다. 우리는 배움이 확장적이고 역동적이며 동시에 독특한 것이라고 알고 있다. 더욱이 훌륭한 교육은 모든 아동에게 기본적인 권리라고 믿는다. 우리 교사들은 우리가 하는 일을 원하는 만큼 충분히 통제하지 못하고 있다. 그러나 우리는 생각보다 더 많은 것을 관리, 통제하고 있음에 틀림없다. 우리가 중요시하는 핵심 가치에 관심을 기울이고, 매일매일의 교실 생활에서 이 가치들을 어떻게 실천해낼지 선택하고 있기 때문이다. 이제 이 핵심 가치들을 살펴보자. 그리고 우리가 어떤 가르침을 실천하려 하는지 자문해보자. 우리 가르침의 가치가 조롱의 대상이 되지 않게끔 말이다.

민주사회에서 가르침은 참여와 약속을 향해 작동하며, 다음과 같은 아주 상식적인 신념을 토대로 한다. 모든 인간은 무한하고 측량 불가한 가치 있는 존재이다. 각 개인은 지적·감성적·신체적·영적 존재이며, 그 자체로 의미를 부여할 만한 독창적인 세계이다. 자유사회에서 가르침은 동등한 두 기둥, 즉 계몽과 해방, 지식과 인간의 자유가 받치고 있다.

시민성, 참여, 약속, 민주주의를 위한 교육 등 자유를 향한 교육의 중심은 학생이 혼자 힘으로 생각하고 말할 수 있는 능력을 갖추는 것이다. 이것은 교사와 학생 모두에게 동일한 교육 목표이다. 우리 모두 자신만의 자아가 있지 않은가. 우리 모두 어떤 것도 확실하지 않고 아무것도 정해지지 않은 해안을 향해 헤엄쳐가는 중 아닌가. 우리 모두 자유를 마음껏 누리면서 우리의 판단에 따라 행동하기 위해 다른 사람과 연합할 수 있지 않은가. 늘 그렇듯이 인간의 진보는 신중한 인간 활동의 결과가 아닌가. 우리 교사들은 (어깨를 맞대고 팔짱을 긴 채) 학생들을 돕고, 그들과 연합하기를 간절히 원한다.

건강한 시민은 큰 사회 공동체뿐만 아니라 학교 교실에서도 길러져야 한다. 교사로서 학생 한 명 한 명의 필요와 관심사를 강조하는 동시에 이런 믿음을 지니는 것은 아주 중요하다. 학생 개인의 이익을 가능한 한 최대로 존중한다면서 사회의 필요를 무시하거나 덜 중시하는 학생 중심의 이데올로기는 일종의 파괴적인 자아도취를 키운다. 마찬가지로 모든 결정을 집단에 맡기고 개인의 필요를 완전히 무시하는 행위는 실질적 자유의 가능성을 파괴한다.

이 둘 중 어떤 것도 희생하지 않고 개인의 자유와 집단의 복리를 달성할 수 있을까? 이것은 문명이 발생한 이래 오래도록 풀지 못한 문제이다. 이렇게 오래 이어져온 모순을 교사가 마법을 발휘해 해결할 수는 없다. 그러나 이 문제를 대하는 교사만의 역할과 방법이 있다. 교사는 이 작은 학교의 한구석에서도 부지런히 그리고 굽힘 없이 가르칠 수 있다. 숨김없이 살아가는 공동체, 창조적인 긴장으로 기본적인 감각을 보존하는 공동체를 만드는 학교에서 말이다.

교사라면 교실을 우리에게 익숙한 강압과 억제의 공간이 아니라 활력과 흥분이 가득한 공간으로 만들어내는 법을 배워야 한다. 모든 학생을 함께 보듬어 안는 공간으로 만들어내야 한다. 모두가 공유하는 목표를 둔 이 공동체는 다름이 곧 동기이고 정신이고 분위기라는 가치에 기반하며, 교사는 그 안에서 공동으로 일한다. 교사는 이런 가치를 보여주고 꾸준히 키워나가야 한다. 이 일은 교사가 단순히 틀 지워진 교육을 수동적으로 받아들이는 데서 벗어나 그 길에 선 자신을 응원하고 학생이 작가로, 연설가로, 배우로, 건축가로, 제작자로 자신의 삶을 선택하게 하는 방식을 통해 이루어질 수 있다. 이 과정에서 교사인 우리는 독립적인 사고와 자주적 행위가 자신만의 매력을 만들어낸다는 사실을 발견하게 된다.

무대는 교사가 만들지만 배움의 핵심은 학생의 행동에 있다. 교실 수업을 이어가는 교사는 바로 이 점, 즉 가장 중요한 측면에서 가르침이 배움보다 더 어렵다는 점을 발견하게 된다. 교사는 학생이 학생이면서 함께 배움에 임하는 사람이자 함께 가르치는 동료가 될 수 있도록 스스로를 변혁해나가야 한다. 이때가 되면, '가르침'에서 학습자의 '배움'으로 초점이 옮아간다. 숨을 깊게 들이쉬고 한 발짝 떨어져 세상이 흘러가게 놓아둬보라. 그러면 어떻게 **배움이 일어나는지** 배우게 될 것이다.

자, 지금까지의 이야기에 동의하는가?

그렇다고 대답한다면, 이제 교사다운 교사가 되어보자.

지금 당장,
무엇을 준비해야 할까?

ABOUT
BECOMING
A TEACHER

당신의 학생이 시민으로서의 책무를 다하기를 바라는가?

이런 기대는 당신이 지역사회에서 시민으로서의 책무를 다하고 있는지

돌아볼 수 있어야 공정하다. 내가 학생들에게 바라는 것을 나도 실천하고 있는지 돌아보라.

그러니 바빠지라. 더 많은 책을 읽고, 더 훌륭한 독서가가 되어라.

이 장을 시작하면서 나는 이렇게 말하고 싶다. "돈을 아끼라." 그렇지만 나는 말하지 않을 것이다. 너무 냉소적으로 들리고, 더불어 교사와 교직에 적대적인 사람들에게 내 패배를 인정하는 듯 보이기 때문이다.

　주어질 보상에 주목하라. 즉 당신은 아이들이나 학부모와 함께 일할 기회, 다음 세대의 인생에 아주 중요하고 긍정적인 변화를 만들어낼 기회, 생동감 넘치는 공동체에 크게 기여할 기회를 보상으로 받을 것이다. 학교공동체 속 당신만의 교실. 바로 교사인 당신이 가고자 하는 곳이다. 따라서 돈을 아끼라는 말 대신에 이렇게 말할 것이다. "신념을 잘 지키라."

그런데 교사가 되려는 당신이 지금 당장 해볼 수 있는 일상적인 연습이 몇 가지 있다. 이 연습을 통해 나중에 마주할 교실 수업을 준비하는 데 큰 도움을 얻을 수 있으리라. 체조 가르치는 일을 머릿속에 떠올려보라. 이런 연습을 통해 가르치는 근육이 튼튼해지고, 가르침이 준비되면서 감각은 날카로워질 것이다. 매일 또는 매주 이런 훈련을 하되 교사 교육을 위한 정해진 교육과정도 함께 진행할 수 있다. 그렇다고 이런 훈련이 교직 수업을 대체하게 해서는 안 된다. 이 훈련은 그리 특별한 것이 아니므로, 단순히 일상적인 준비이자 규칙적인 연습이라고 해두자.

확실한 연습은 자원봉사자로, 코치로 또는 학교 직원으로 아이들과 함께 일하는 것이다. 방과후수업이나 일일 캠프, 토요학교, 개인 지도, 놀이 지도, 동아리활동 지도 같은 활동을 하면서 아이들에 관해서뿐만 아니라 당신 자신에 관해서도 정말 많이 배우게 될 것이다. 가능하면 많은 교실을 방문해서 책상은 어떻게 배열됐는지, 벽 장식은 어떤지, 교실은 어떻게 구성·조직·정리됐는지 꼼꼼히 관찰해보고, 그 학급 담당 교사에게 왜 이런 방식의 교실 구성과 배열·장식을 택했는지 물어보라. 이 과정에서 머릿속에 떠오른 내용을 잘 정리해두면 나

중에 유용하게 활용할 수 있을 것이다.

미래에 당신에게 배울 학생들을 위해 임시로 목표를 세우는 연습도 해보라. 예를 들어 내가 맡은 학급의 모든 학생은 과목, 연령, 학업 수준, 학년과 상관없이 아주 다양하고 폭넓은 독서를 하고, 광범위한 독서만큼이나 비판적이고 제대로 된 독서를 하기를 원한다는 포괄적인 목표를 세워보자. 또는 학급의 모든 학생이 비형식적인 배움이나 개별화한 배움을 위해 지역 사회의 자원(도서관, 지역센터, 사업체, 공원, 미술관, 극장, 영화 제작단체, 박물관, 그 밖의 문화기관 등)을 활용할 수 있게 한다는 목표, 학급의 모든 학생이 새로운 것을 배울 때 기꺼이 위험을 감수할 만큼 용감해질 수 있도록 학급 환경을 만든다는 목표, 내가 맡을 학생들이 시민으로서 사회에 참여하게 한다는 목표, 내가 담당할 학급에서는 모두가 다 제작자, 작가, 작곡가, 창조자가 되게 한다는 목표 등을 세워볼 수 있다. 다음과 같은 제목을 써 놓고 잠시 생각에 잠겨 자신만의 목표를 만들어보라. "나의 모든 학생이 하고 싶어 하고, 되고 싶어 하고, 갖고 싶어 한다고 내가 확신하는 일들."

자, 당신이 만든 목록을 다시 읽어보고 찬찬히 다음을 생각해보라. 내가 학생들에게 원하는 것을 나는 일상의 활동에서 실천하고 있는가? 이를테면 내 미래의 학생들은 모두 배움에 임할 때 위험을 감수할 만큼 용감하기를 바랄 수 있다. 뭐, 좋다. 그렇다면 나 역시 스스로 새로운 도전을 상상하고 찾아다니며 일관되게 도전에 응하는 사람이라고 감히 말할 수 있는가? 대학에서 반드시 수강해야 하는 수업 이외에, 새로운 관심사 때문에 또는 새로운 기술을 연마하기 위해서 최근에 수강한 수업이나 강좌가 있는가? 그런 활동이 가치 있는 배움이었다고 생각하는가? 동네 도서관에서 시 쓰기 세미나를 듣거나 지역 YMCA에서 기타 레슨을, 지역사회대학community college에서 컴퓨터 그래픽 강좌나 요리 강좌를, 이웃 미술관에서 삽화 그리는 수업을, 자전거 점포에서 자전거 수리 기술을, 4-H 센터에서 치즈 만드는 방법을 배울 수 있다. 어쩌면 공동체에서 골고루 배분하는 텃밭을 얻거나, 수족관이나 동물원에서 안내원으로 훈련받거나, 트램펄린에서 뛰거나 암벽타기를 하거나 패러세일링을 할지도 모른다. 그 무엇이든 가능하지 않겠는가.

　그런데 치즈 만들기, 자전거 수리, 시 쓰기라는 활동을 넘어서 중요한 것은 이미 차고 넘치는 일정에 또 다른 일을 구겨넣거나 무의미한 일들로 공연히 일상을 바쁘게 보내라는 뜻이 아니다. 절대 아니다. 이런 활동의 목표는 새로운 것을 배우는 기술을 꾸준히 연습하는 것이다. 그때그때 경험을 기록하고 그 느낌을 ─ 실망, 혼란, 당황스러움과 함께 쾌활함, 전율 같은 미숙한 인지적 불일치의 느낌을 ─ 기억하라는 것이다. 당신은 분명 새로운 무엇을 발견할 것이다. 그 무엇 덕분에 나중에 필기체를 배우거나 이차함수를 익혀야 하는 학생의 감정과 연결되는 데 또는 그들의 감정에 연민을 느끼는 데 도움을 얻을 것이다. 당신 자신이 모험심 많은 학습자라면 미래의 당신 학생들에 대한 공감과 이해가 높아질 것이다.

당신의 학생이 시민으로서의 책무를 다하기를 바라는가? 좋은 일이다. 그러나 이런 기대는 당신이 지역사회에서 시민으로서 활발하게 책무를 다하고 있는지 돌아볼 수 있어야 공정하다. 선거 때마다 빠지지 않고 투표하는가? 여성 쉼터에서 자원봉사를 하는가? 노숙자들에게 배식하는 봉사활동에 참여하고 있는가? 불공정하고 부정의한 일에 항의하는 시위가 있을 때 주기적으로 참여하는가? 당신의 학생이 자신의 성장과 배움을 위해 지역사회의 자원을 충분히 이용하기를 바라는가? 멋진 목표이다. 이 경우에도 이용할 수 있는 자원에 당신이 얼마나 자주 접근하는지 돌아봐야 한다. 미술관과 박물관을 방문하는가? 동네 극장의 정기 이용권이 있는가? 당신이 맡을 학급의 아이들이 '제작자'가 되기를 원한다면, 교사인 당신 또한 제작자여야 한다. 이 목록은 계속 이어질 수 있다. 그래서 "나의 모든 학생이 하고 싶어 하고, 되고 싶어 하고, 갖고 싶어 한다고 내가 확신하는 일들" 목록에 뭔가 더 적어야 한다면, 그 목록에 덧붙여 "각 항목에 따라 내 인생에서 중요한 실천으로 발전시켜야 할 구체적인 방법"을 함께 작성하라.

미래의 학생들에게 가장 바라는 것을 상상하며 목표를 작성해보라면서 내가 마지막 예시를 제시했던 곳으로 돌아가보자. 나는 당신이 학생들이 다양한 목표를 이루기 위해 폭넓은 독서를 하기 바란다는 예시를 들었다. 나 또한 그랬다. 그렇다면 당신도 거울을 들여다보며 스스로 질문해야 한다. "나 자신의 다양한 목표를 이루기 위해 폭넓은 독서를 하고 있는가?" "나는 즐기기 위해 독서를 하는가?" "인터넷으로 최근 뉴스를 검색하고 속보로 전해지는 내용을 확인하는가?" "나는 매일 신문을 읽는가, 아니면 매주 주간지 몇 개를 읽는가?" "나는 지난달에 소설이나 역사책, 자서전/전기/회고록을 읽었는가?" "나는 최근에 시집을 들춰본 적이 있는가?" 또는 "지난 반년 동안 대중과학서적을 읽은 적이 있는가?" 설마 없는가? 만약 당신 자신이 수동적이고 무심한 사람이라면 당신이 가르칠 학생이 당찬 아이, 독서를 즐겨 꾸준히 책을 읽는 아이가 되기를 기대할 수 없다. 바빠지라. 더 많은 책을 읽고, 더 훌륭한 독서가가 되어라.

당신 인생에 정말 중요한 영향을 끼친 책 다섯 권을 골라 제목을 말할 수 있는가? 이 책들은 아마 당신의 시각을 극적으로 넓히거나 관점을 전환하는 데 도움을 준 책일 것이다. 훌륭하게 교육받은 사람이 되기 위해, 정말 좋은 교사가 되기 위해, 참여적인 시민 또는 지역사회 주민이 되기 위해 꼭 읽어야 한다고 생각하는 책이 있는가? 당신이 참고할 만한 틀을 넓히거나 당신만의 독특한 여정, 앞에 놓인 가능성, 앞으로 하게 될 선택을 깊게 이해하기 위해 어떤 책을 더 충분히 검토해야 한다고 생각하는가?

당신이 원한다면 읽어볼 만한 도서목록을 전해줄 수 있다. 파일 형태도 있고, 일반적인 책꾸러미 형태도 있다. 앞으로 이와 관련해 몇 가지 조언을 할 것이다. 그러나 이 책은 꼭 읽어보라면서 어떤 형태든 정해진 도서목록을 당신에게 전하고 싶지는 않다. 무엇보다도 그런 목록이 없을뿐더러, 그 목록은 내 것이지 당신 것이 아니지 않은가. 당신에게 정말 중요한 것은 당신이 꼭 읽어야 하는 책의 목록이 아닌가.

내 조언은 아주 간단하다. 모든 것을 다 읽으라. 그게 옳다. 웅장한 시립도서관에 가서 자리 잡고 앉아 도저히 가능할 것 같지 않은 목표를 세워놓고 무작정 읽기 시작하라. 좀 더 현실적으로 말하면, 당신이 있는 바로 그곳에서 독서를 시작하라. 책을 한 권 읽고, 그 책으로 인해 그다음에 읽고 싶어진 책을 읽으라. 어떤 호기심이든 당신에게 질문거리를 제공해줄 것이고, 어떤 관심사든 탐구심을 통해 관련된 분야의 보물을 찾을 수 있게끔 안내해줄 것이다.

그렇지만 목표를 세우고 숙독하기를 바란다. 달력이나 일정표에 '독서 시간'을 표시해두라. 세미나, 친구와의 저녁 약속, 병원 검진 날짜를 적어놓는 것처럼 말이다. 당신이 읽어야 할 책과 만날 시간을 적어도 2~3시간은 확보하라. 한 달에 한 번은 서점에 가서 오전 시간을 보내라. 아니면 주말마다 집에 콕 박혀서 몇 시간을 독서로 보내라. 이 시간 동안 정말 열심히 책을 읽도록 노력해야 한다. 문자메시지를 보내거나 확인하는 일도, 이메일을 확인하고 답신하는 일도, 전화를 걸거나 받는 일도, 다른 일정을 잡아서도 안 된다. 오로지 당신과 당신이 붙들고 있는 책, 간식과 커피 또는 차만으로 이 시간을 보내라.

아! 서점에 가면 그래픽노블 코너와 어린이책 코너가 있는데, 그곳에 어떤 책들이 있는지 자세히 살피면서 주변을 배회해보라. 각각의 코너에서 놀랄 만큼 흥미로운 책들과 재미있는 독서가들을 만나볼 수 있을 것이다.

전형적인 미국의 시인 휘트먼^{Walt Whitman}은 『풀잎^{Leaves of Grass}』 습작에서 이렇게 주장한다. 독서할 때는 주의가 산만해지지 않게 하라. 독서가 방해받아서는 안 된다.

> "책을 요구하고 공급받는 것은, 독서가 반쯤 조는 상태가 아니라 모든 감각을 곤두세운 체조선수의 훈련과 같다는 전제를 바탕으로 한다. 다시 말해 독자가 스스로의 힘으로 무언가를 하고, 기민하게 깨어 있으며, 시와 논설과 역사와 철학적인 글을, 말하자면 암시와 실마리와 시작 또는 뼈대를 제공하는 텍스트를 제 손으로 구축해야 한다는 전제이다. 책이 꼭 완벽할 필요는 없다. 그러나 책을 읽는 독자는 완벽해야만 한다. 그래야 한 나라의 생각이 몇몇 작가 그룹에 휘둘리지 않을 것이고, 잘 훈련되고 직관력이 뛰어나며 자신을 믿는 유연하고 강건한 정신을 지닌 사람들의 국가가 될 것이다."●

● goodreads.com/quotes/8869201-books-are-to-be-call-d-for-and-supplied-on-the

어떤 책을 읽더라도 주어진 목록의 책만 읽는다면 당신의 지적 야심은 충족되지 않는다. 단기간 또는 공식적으로 교사 교육을 받는 대학 과정에 국한하더라도 말이다. 지금부터라도 자기만의 간결한 도서목록을 만들어보면 좋을 듯하다. '책 중의 책Book Of Books, BOB: 좀 더 충분히 성장하고 교육받은 사람이 되기 위해 지금 읽고 있는 책(또는 읽어야 하는 책, 읽어야 하는 이유)' 정도로 제목을 붙여서 말이다. '책 중의 책'은 앞으로 5년 동안 수행할 프로젝트로, 학교와 일상생활에서 당신의 독특하고 두드러진 그리고 지적이고 윤리적인 여정뿐만 아니라 개인적 · 직업적 · 정치적 · 학문적인 목표와 관련해 당신이 어떤 생각을 하는지 가장 잘 보여줄 수 있는 작업이어야 한다. 여기에 당신과 잘 맞을 듯하거나 몇몇 생각을 떠올리게 할 만한 목록이 있다. 물론 이것은 당신 것이 아니라 내 '책 중의 책' 목록이다. 당신이 원하고 당신에게 필요한 당신만의 '책 중의 책'을 만들기를 바란다.

새내기 교사가 가르침을 이해하는 데 가장 의미 있을 만하다고 생각하는 책은 주로 회고록이다. 회고록에는 동료 교사들과의 모임, 실제 생활에서 맞닥뜨리는 문제를 극복하는 방법, 가르치는 법을 배우면서 교실에서 마주치는 장애 요인을 다룬 아주 실질적인 이야기가 담겨 있다. 이런 글들은 어떤 교훈을 전하겠다는 목적보다는 인간 삶의 총체적인 모습을 보여주는 경향이 있는데, 실제 교실이라는 혼란스럽고 독특한 세계에 발딛고 서서 거듭 귀담아들을 수 있는 통찰력과 감각적 조언을 마음에 새길 수 있게 한다.

내가 정말 좋아하는 책 중에는 비비언 거신 페일리Vivian Gussin Paley의 『White Teacher』와 『따돌림 없는 교실You Can't Say You Can't Play』, 프랭크 맥코트Frank McCourt의 『Teacher Man』, 그레고리 미키Gregory Michie의 『Holler If You Hear Me』, 마빈 호프먼Marvin Hoffman의 『Chasing Hellhounds』, 실비아 애슈턴-워너Sylvia Ashton-Warner의 『Teacher』, 엘리엇 위깅턴Eliot Wigginton의 『Sometimes a Shining Moment』 등이 있다. 조금 뻔뻔하다는 소리를 들을지도 모르지만, 이 목록에 내 회고록『To Teach: The Journey, in Comics』를 포함할 수 있다. 이 책은 라이언 알렉산더-태너Ryan Alexander-Tanner와 함께 쓴 만화책으로, 1년 차 젊은 교사일 때 교실에서 즐겁게 까불며 뛰어논 경험을 담고 있다.

내게 감명을 주고, 세상을 새로운 방식으로 보고 존재하는 데 가르침을 준 책 목록에는 제이 길런Jay Gillen의 『Educating for Insurgency』, 크리스털 로라Crystal Laura의 『Being Bad』, 조엘 웨스

트하이머Joel Westheimer의 『What Kind of Citizen?』, 놀리웨 룩스 Noliwe Rooks의 『Cutting School』, 마이크 로즈Mike Rose의 『Why School?』, 찰스 페인Charles Payne과 캐럴 스트릭랜드Carole Strickland 의 『Teach Freedom』, 엘리자베스 숍Elisabeth Soep과 비비언 차베스Vivian Chavez의 『Drop That Knowledge』, 글로리아 래드슨-빌 링스Gloria Ladson-Billings의 『The Dreamkeepers』, 케빈 구마시로Kevin Kumashiro의 『Bad Teacher!』, 제시 해고피언Jesse Hagopian의 『More Than a Score』, 릭 에이어스Rick Ayers의 『Berkeley High School Slang Dictionary』, 데버라 마이어Deborah Meier의 『The Power of Their Ideas』 그리고 『Releasing the Imagination』과 『The Dialectic of Freedom』으로 시작하는 맥신 그린Maxine Greene의 모든 책이 포함된다.

이런! 이렇게 책 목록을 나열하려 한 것은 아니지만, 일단 시작했으니 좀 더 나아가보자. 여기에 제임스 볼드윈James Baldwin과 조지 오웰George Orwell의 책을 추가해서 읽기를 추천한 다. 이들은 20세기의 가장 야심만만한 윤리적 작가에 속하기 때문이다. 그런 다음에는 좀 더 최근에 발간된 책을 읽기 바란 다. 에드워드 사이드Edward Said의 『Reflections on Exile』, 리베카 솔닛Rebecca Solnit의 『남자들은 자꾸 나를 가르치려 든다Men

Explain Things to Me』, 타네히시 코츠Ta-Nehisi Coates의 『세상과 나 사이Between the World and Me』 등을 추천한다.

시선집은 클라우디아 랭킨Claudia Rankine의 『시민Citizen』, 케빈 코벌Kevin Coval의 『A People's History of Chicago』, 이브 유잉Eve Ewing의 『Electric Arches』로 시작할 수 있다. 학교 안팎에서 아이들의 삶을 조명하는 소설로는 사피르Saffire의 『Push』, 지시 젠Gish Jen의 『Mona in the Promised Land』, 주노 디아스Junot Diaz의 『오스카 와오의 짧고 놀라운 삶The Brief Wondrous Life of Osca Wao』, 자메이카 킨케이드Jamaica Kincaid의 『Lucy』, 레이철 드워스킨Rachel DeWoskin의 『Big Girl Small or Blind』, 앨리슨 벡델Allison Bechdel의 『펀 홈Fun Home』, 산드라 시스네로스Sandra Cisneros의 『망고 스트리트The House on Mango Street』 등이 있다.

이 정도면 충분하다! 이제 숨이 차오른다.

무엇보다 자신의 목록을 어떻게 만들지 아이디어를 얻었으리라. 일단 읽기 시작하라. 그리고 계속 읽으라.

당신은 이런 독서를 통해 문학적 소양을 쌓을 뿐만 아니라 제임스 볼드윈이 젊어서 발견한 것을 미래의 당신 학생들처럼 경험하게 될 것이다. "당신이 느끼는 고통과 비통함을 이 세상 어느 누구도 경험하지 못했다는 생각이 들지 모르겠다. 그럴 때마다 책을 읽어보라. 나를 가장 힘들게 괴롭히는 바로 그것들이 살아 숨 쉬고 있거나 이전에 살아 숨 쉬었던 모든 사람에게로 나를 연결해준다는 것을 가르쳐준 것은 책이다."•

읽고 또 읽으라. 다시 강조하지만, 읽으라!

진정한 교육이란 어떤 면에서 늘 자기교육이다. 우리는 저마다 뭔가를 배워 알아가면서 성장하는가 하면 다른 뭔가는 피하거나 저항하기까지 한다. 교사는 환경을 만든다. 정말 그렇다. 교사는 자극과 격려, 도전과 지지, 활력과 유인, 양육을 제공한다. 이때 학생은 적극적으로 다가와 배움을 선택해야 한다.

걷고 말하기를 배우는 아기를 떠올려보자. 배우는 환경도 중요하지만, 뭔가를 지시하고 가르치는 행위로는 지지와 격려만 한 것이 없다. 아기는 오로지 말하고 싶을 때만 말한다. 이때 말하고 싶다는 아기의 동기는 본능에 따른 것이지만, 연습

• goodreads.com/quotes/5853-you-think-your-pain-and-your-heartbreak-are-unprecedented-in

은 가혹하기 그지없다. 우리가 해야 할 지원과 협력, 활력과 긍정을 부여하는 것은 무척 중요하다. 그러나 이 중요한 배움의 문제에서 핵심은 학생의 역할과 행동이다. 학생이 배우겠다고 선택했을 때 따라야 할 가장 중요한 규칙은 **배움에 이르는 것**이다.

이 말을 하는 까닭은, 교사가 되기 위한 굴곡진 길을 택했을 때는 혼자 배워야 할 것이 헤아릴 수 없이 많기 때문이다. 멘토와 동료를 찾는 일, 훌륭한 가르침의 모범 사례를 찾는 일, 학습 자료와 기자재를 확보하는 일 등 공식적인 설명이 없는 상태에서 스스로 배워야만 한다. 즉 자기교육을 해야 한다. 그 이유는 한편으로는 가르침의 많은 측면이 개인적인 데다 고유한 개성 또는 관점과 연결되어 있기 때문이며, 다른 한편으로는 가르침이 교실에 함께 모인 모든 학생의 인성과 성품·지위·관점에 관련되어 있고 또 그것들에 의존하기 때문이다.

그러나 교실에서 펼쳐지는 관계와 상호작용의 범위는 고정되지 않고 항상 흔들린다. 게다가 교실에서 이루어지는 관계와 상호작용을 폭넓게 유지하기 위해서는 늘 소용돌이치는 소란스러운 상황을 거쳐야 한다. 소란스러운 교실 생활의 실제 모습을 통해 교사는 자기교육을 이어가게 된다.

그 밖에 교사 교육에 핵심이면서 동시에 훌륭한 교사가 숙달해야만 하는 두 가지 역량이 있다. 이 두 가지는 교사 교육 프로그램에서 거의 눈에 띄지 않는다. 아예 언급조차 되지 않을 때도 있다.

하나는 배움의 환경을 만드는 역량이다. 이 환경은 당신에게 배우겠다고 교실로 들어오는 진짜 학생들(흔히 '3학년 학생들' 또는 '중학생들'처럼 종종 편견으로 가득 찬 용어로 상상되고 이상화한 학생과는 반대되는 학생들)의 다양한 모습을 보듬을 만큼 충분히 깊고 폭넓어야 한다. 다른 하나는 성장하고 배움에 임하는 학생들의 행동, 수행, 활동을 관찰하고 기록하는 역량이다. 이 장의 나머지 부분에서 각각의 역량을 소개하고 설명할 텐데, 여기에서 이 두 가지 역량을 언급하는 이유가 있다. 교사가 되어 교실에 들어서려는 당신이 가르침의 일부로서 이런 역량을 발전시키기를 기대하기 때문이고, 지금 당장 실천할 수 있는 일이기 때문이다.

학습환경　교실 환경을 제3의 교사라고 생각해보자. 제1의 교사는 학생들의 학부모나 보호자이고 제2의 교사는 당신이다. 당신은 제3의 교사를 만들어내는 주요인물로, 물리적 공간을 어떻게 만들지, 이 공간 안에 당신이 원하는 색조와 분위기를 어떻게 만들지, 적절한 기운과 아름다움을 어떻게 만들지, 당신이 만들어놓은 공간의 논리적 차원뿐만 아니라 심리적 감정을 어떻게 형성해낼 계획인지 관심을 기울여야 한다.

나중에 더 자세히 말하겠지만, 여기에서는 당신이 이미 직관적으로 알고 있는 것을 분명히 짚고 넘어가자. 모종의 계획에 따라 만들어진 특정 환경에 놓이면 당신은 그 공간에서 어떻게 행동할지 알 수 있다. 예컨대 당신 할머니 집을 방문하면, 할머니 집의 부엌이 이렇게 외치는 듯한 느낌을 받을 것이다. "의자에 앉아서 어서 먹어라." 할머니는 아직 아무 말도 꺼내기 전인데 말이다. 친구의 아파트를 방문했다고 하자. 문을 열고 들어서면 커다란 소파가 떡하니 거실을 넓게 차지하고 있고, 전원이 켜진 TV와 차가운 맥주가 가득한 냉장고가 있을 테고, 커피 테이블에는 칩과 살사가 담긴 그릇이 올려져 있을 것이다. 이런 광경을 보면서 당신은 이 아파트에서는 어떻게 행동해야 할지 금방 알아차릴 것이다. 아주 시끄러운 운동경기에 참여하면 정신줄을 놓게 되는 것과 달리, 예배당이나 이와 비슷한 장소에 들어서면 조용히 명상하기를 요구받을 것이다. 유사한 방식을 통해 환경은 당신에게 무엇을 하고 무엇을 하지 말아야 할지 말해준다. 강의실에 들어섰을 때 당신은 연단에 올라서고 싶지 않을 것이다. 그러나 연단에 올라선 뒤에는 말하기 시작할 것이다. 물론 누구도 그렇게 하라고 하지는 않았지만 말이다. 농구 경기에 참여하면 곧바로 경기장에 들어서지 않고 스플래시 브라더스Splash Borthers, 케빈 듀랜트KD, 드레이먼트Draymond 등과 몸풀기를 시작할 것이다. 환경은 튼튼하고 끈기 있는 교사임에 분명하다.

오늘부터 백팩이나 재킷 주머니에 작은 수첩을 갖고 다니면서 일상이나 여행에서 만나는 주변 환경에 짤막한 해설을 달아보라. 가깝게는 침실이나 부엌에서 시작하라. 그곳에서 각각의 공간이 주는 느낌과 기능에 주석을 달아보라. 집 근처의 공원이 어떻게 조성되었는지 눈여겨보고 그 공원이 주민들에게 어떤 메시지를 전하는지 생각해보라. 공항이나 버스 터미널, 기차역이 교통을 어떻게 안내하는지도 살펴보라. 이런 장소는 자연적인 것도, 신이 주신 것도, 우연히 생긴 공간도 아니다. 따라서 누가 이런 장소를 왜 이런 모습에 이런 기능을 갖추게 해야 한다고 생각했을지 상상해보라. 쇼핑몰이나 당신이 즐겨 찾는 카페, 공동 작업장, 동네 식료품점들을 조심스럽게 살펴보라. 이 작업을 거꾸로 짚어보면서 이런 독특한 결과가 만들어질 때까지의 생각과 계획을 다시 세워보라.

여기서 내가 하고 싶은 말은 이런 장소에서 어떤 아이디어를 얻으라는 것이 아니라, 모든 가공된 환경은 메시지를 전달한다는 것, 각 공간은 인간 의식의 결과로서 나름의 색조와 아름다움, 목적과 기운을 품고 있다는 것이다. 그것이 좋게 느껴지든 그렇지 않든 간에 말이다.

관찰과 기록　당신이 교사가 되어 날마다 대면해야 하는 가장 큰 도전은 눈앞의 학생들을 전체로, 3차원의 인간으로, 역동적이고 움직이는 존재로 바라보는 것이다. 학생을 단순히 신체 특징이나 겉으로 보이는 행동만을 근거로 지적으로 판단한다거나, 학생에게 마음과 정신, 기운과 영혼, 소망과 꿈이 있음을 아는 것만으로는 충분하지 않다. 당신은 학생 가까이에서 관찰하는 습관을 길러야 한다. 그리고 눈으로 보고 관찰한 모든 것을 글로 설명할 수 있어야 한다.

한 교수가 강의실로 들어가고 있다. 예순이 약간 넘어 보이는 건강한 여성이다. 걷는 모습은 엄격함 그 자체인데, 움직임이 왠지 기계처럼 느껴진다. 얼굴을 찡그린 채 칠판으로 다가가 분필을 꺼내 들고는 다음과 같이 쓴다. "로레인 레빈슨 박사Dr. Lorraine Levinson, Ph.D.” 이 교수의 모습을 좀 더 자세히 들여다볼 수도 있겠지만, 그럴 필요가 있을까? 이 교수는 분명 독설적이고 극도로 피곤해 시무룩한 상태이며 구식에다 뼛속 깊이 보수적이다. 이 강의는 지루하기 이를 데 없을 것이며 완전히 고전하게 될 것이 뻔하다.

그러나 일상에서 자주 그러듯이 당신이 성급하게 내린 결론은 너무 앞서나간 탓에 엄중한 진실을 지워버렸다. 상상에 가까운 당신의 관찰은 완전히 틀렸다. 당신이 좀 더 주의를 기울여 주목했다면, 레빈슨 교수의 재킷 아래, 셔츠 깃 위로 등가죽 띠를 볼 수 있었을 것이다. 어쩌면 레빈슨이 강의동 건물 입구에 주차하는 모습을 봤을 수도 있다. 대학원 조교가 노트와 책을 강의실에 미리 가져다 놓는 모습도 볼 수 있었을 것이다. 그러고 나면 곧 당신의 섣부른 판단이 180도 잘못된 결론을 도출했다는 사실을 깨닫게 된다. “저를 로레인이라고 불러주세요”라고 말하는 레빈슨은 40대로, 힘든 척추 수술을 받고 회복 중이다. 아주 심한 통증을 느끼지만, 레빈슨은 사실 학생들의 관심사에 정말 훌륭하게 답변하고 대응하는 사람이다. 레빈슨은 똑똑하고 재미있으며 활기차고 지적이며 교육적이다. 따라서 당신은 레빈슨을 잘못 판단한 것이다. 아무튼 상황은 일단 좋아졌다.

　그러나 일상의 상호작용을 돌아보면 우리는 대체로 단편적이고 오류투성이인 결론에 성급하게 도달한다. 고속도로에서 어떤 멍청이가 당신 차 옆으로 다가오더니 바로 앞에서 새치기하듯 무례하게 끼어든다. 당신은 발끈해서 그 멍청이에게 가운뎃손가락을 들어 보인다. 당신 생각에 당신의 행동은 마땅하고 정당하다. 그러나 당신이 미처 몰랐던 사실은 그 멍청이가 응급실로 미칠 듯이 달려가는 중이었다는 것이다. 운전자의 10대 아들이 방금 전에 자전거 사고를 당했기 때문이다.

　여기서 중요한 점은, 우리는 대체로 바로 눈앞에 있는 것만 보게 된다는 사실이다―그런데 눈앞에서 벌어지는 일 이외의 것을 어떻게 하라는 것인가?―따라서 특정한 행동과 상황이 놓여 있는 맥락을 종종 놓치고 만다. 그렇다고 고속도로에서 만난 그 멍청이를 쫓아가 합당한 설명을 내놓으라고 따지라는 말이 아니다.

　그러나 당신 학급에서는 독선적인 감정이 배척되고 발 들여놓지 못하도록, 결정적 판단이 늘 다시 재고되거나 조정될 수 있도록, 잠시 멈추어 좀 더 가까이 들여다보고 좀 더 깊이 탐색하게끔 자신을 일깨울 수 있도록, 충분히 겸허해지도록 학생들과 함께 노력해야 한다. 이 말은 부분적으로 교사로서의 성격과 특질을 바르게 키우는 것을 뜻한다. 이런 기질들을 바탕으로 당신은 미래의 학생들이 주어진 환경에서 최선을 다하리라고 추정할 수 있을 것이다. 뿐만 아니라 학생과 더불어 다시 생각하고, 다시 검토하고, 다시 상상하고, 다시 세우게 하는 호기심과 경이로움이 함께 자랄 것이다.

그러니 백팩이나 재킷 주머니에 넣을 만한 작은 수첩을 가지고 다니라. 당신이 우연히 맞닥뜨리는 환경에 주의를 집중하게끔 고안된 중요한 물건이다. 여기에 노트를 추가하라. 이것은 움직이고 있는 사람(예를 들면 식당 종업원, 낯선 기차 승객, 커피를 마시며 쉬고 있는 경찰관, 세차장 책임자와 노동자 등)을 가까이 관찰하는 데 필요하다. 관찰한 상황을 그 노트에 글로 채워보라. 가능한 한 많이 모아서 꼼꼼한 기술(記述)로 그 노트를 채워보라. 다 채워지면 다른 노트를 집어 들라. 관찰하고 녹음한 내용을 글이나 그림으로 표현하는 연습을 꾸준히 하라.

마지막으로, 가장 중요한 것은 자기 내면을 깊이 들여다보는 일이다. 당신이 소중하게 여기는 것과 당신의 원칙이 무엇인지 생각해보고, 당신을 교사라는 길로 이끈 직관과 본능과 열정이 무엇이었는지 대면해보라. 생각나는 것을 간단간단히 적어 목록을 만들고 나중에 어려움이 닥쳤을 때 꺼내 도움을 받을 수 있게 하라. 우리는 당신 학생과 당신 자신에게 헌신하게 되는 이 목록을 다시 검토해볼 것이다. 지금 바로 이 목록을 작성한다고 해서 너무 이르지는 않다. 서둘러 시작하라.

앞에서 중요하다고 한 내용을 주기적으로 성찰하는 것이 훈련의 일부가 되어야 한다. 우리는 어디서 왔을까? 우리는 대체 어떤 사람들일까? 우리는 어디로 가고 있을까? 우리는 어떤 환경 속에서 살아가고 있을까? 만약 다른 환경이라면 어땠을까? 전 우주의 시간으로 보면 지금 몇 시쯤 됐을까? 우리가 함께 살아가는 이 세계를 사랑한다는 말은 무슨 뜻일까? 이 시대에 인간이 된다는 말은 무슨 뜻일까? 친구나 이웃에게 어떤 빚을 지고 있는가? 당신이 즐겨 찾는 카페 앞에서 동전을 구걸하는 사람 또는 가까이 있는 이방인에게 어떤 빚을 지고 있는가? 당신은 선한 사람인가? 당신이 선한 사람인지 어떻게 아는가? 다른 사람은 당신이 선한 줄 어떻게 아는가? 당신이 마지막으로 아주 힘들게 윤리적 판단을 내린 때는 언제인가? 그래서 무슨 일이 있었는가? 우리가 살고 있는 시대를 생각한다면, 당신은 미국인인가? 공권력이 있는 누가 당신에게 다가와 당신이 미국인임을 증명해보라고 한다면 당장 어떤 식으로 해결하겠는가? 당신은 거꾸로 그 관리에게 미국인임을 증명해보라고 요구할 것인가? 당신은 자유로운가? 증거가 있는가? 당신의 가치가 조롱당하지 않기 위해 지금 당장 어떤 삶을 살 것인가? 당신이 성공하고 있는지 어떻게 아는가?

이러한 자기 성찰은 쓸데없는 훈련이나 공상적인 행위를 넘어선다. 교사는 꾸준히 진화하는 자기 훈련의 도구이다. 자신을 복잡한 지성인이자 윤리적 세력이라고 인식하는 것은 당신의 가르침을 아주 극적인 방식으로 조명해줄 것이다. 시도해보라.

각양각색의 학생들,
어떻게 이해해야 할까?

ABOUT
BECOMING
A TEACHER

관심의 초점을 교사 자신에게서 학생에게로 옮겨야 한다.

각각의 학생은 이 세상에서 온전히 고유한 존재이므로

학생을 객체화하거나 특정한 방식으로 낙인찍는 것은 잘못된 일이다.

학생이 자신의 목소리와 이야기를 찾기 위해 교사에게 의지하게 하라.

이 질문은 정말 중요하다.

이 문제야말로 교사들이 날마다 대면해야 하는 가장 강력하고 변함없는 첫 번째 도전과제이기 때문이다. 마치 자기 자신을 이해하듯 학생을 마음과 정신, 기운과 영혼, 경험과 관점, 희망과 역사, 열정과 선호를 지닌 3차원적 존재로 바라보는 일말이다. 학생의 이런 모든 모습을 이해해야 하고 그 진가를 제대로 평가해야 하며 또한 반드시 참작해야 한다.

새내기 교사는 자기 자신에게서 눈을 떼고 관심의 초점을 학생에게로 옮기는 데 종종 어려움을 겪는다. "나 어때? 내 수업 괜찮은 것 같아? 학생들이 나를 좋아해? 내가 멋지다고 생각해?" 이런 사고의 흐름은 웬만큼 양보하고 다른 종류의 질문을 향해 움직여야 할 필요가 있다. "오늘 아침에 브렛은 어때? 이 프로젝트에서 에린은 어떤 역할을 했지? 제이의 기분이 날아갈 것처럼 보이는데, 왜지?"

어떤 학생도 1차원적 특성만을 반영한 꼬리표로 낙인찍어서는 안 된다. 모든 학생은 낙인 이상으로 뛰어나며 그 학생이 받은 성적 이상이다. 모두 자신만의 가족과 유산, 고유한 조상, 구체적인 이웃, 지역사회, 문화, 언어집단, 친구와 동료 네트워크를 배경으로 한 특징을 띠고 교실로 들어온다. 학생 한 명의 이런 다양한 배경이 만들어내는 전체적인 조화는 매일 학생과 함께 교실 문을 들어선다. 이런 것들이 눈에는 보이지 않더라도 실수해서는 안 된다. 충분히 꼼꼼하게 들여다본다면, 모든 학생의 면면들이 학생 주위를 어슬렁거리고, 학생과 함께 의자에 앉아 책상 위를 주름잡고, 학생을 따라 공중을 날아다니고 있음을 충분히 눈치챌 수 있을 것이다. 25~30명으로 이루어진 학급이 사실은 수천 명의 청중이 함께 있는 곳임을 알게 되면 얼마나 놀랍고 즐겁겠는가.

가르치는 일은 관계성에 극도로 의존하는 일이다. 고정관념과 진부한 생각에서 비롯된 왜곡된 시각 때문에 당신이 모르는 사람, 당신 눈에 보이지 않는 사람 또는 배타적으로 보이는 사람과는 관계를 맺지 못한다. 학생들에게 가능하면 최고의 교사가 되기 위해 당신은 학생 개개인의 관심사, 삶의 목표, 질문, 요구사항, 역량, 의도 등을 발견하고 찾아내야 한다.

물론 인류에 관한 우리의 지식이라는 게 늘 불완전하고 부분적이며 불확실하긴 하다. 당신 자신을 얼마나 알고 있는지를 생각해봐도 이 말이 사실임을 직감할 수 있지 않은가. 사실을 온전히 안다는 것은 있을 수 없는 일이다. 교사에게는 오로지 귀 기울이기, 바라보기, 겸허한 태도만 있을 뿐이다.

학생 한 명 한 명은 그 자체로 하나의 주권국가이자 하나의 완전한 우주와도 같다. 이들은 광활하고 팽창하고 있으며 역동적이다. 만약 당신이 우리 교사 중 한 명(또는 당신 자신)의 지도를 그리려고 한다면 필연적으로 드넓은 미개척지, 신비한 자기장, 발견되지 않은 대륙, 숨은 호수와 비밀 통로를 감추고 있는 종잡을 수 없는 산이 있음을 알게 될 것이다. 우리 각자는 지도로 그려지기에는 너무 크고, 누구의 선형 통계에 포착되기에는 너무 복잡하다. 솔직히 표준화시험으로 파악하기에는 너무 복잡한 존재 아닌가.

그렇다면 당신은 이렇게 결론지을지 모르겠다. 앞으로 할 일이라는 게 바보들의 쓸데없는 심부름에 불과하다면, 지금 노력을 기울일 필요가 없다고 말이다. 단적으로 말하면 이것은 잘못된 결론이다. 일의 끝에 결코 다다를 것 같지 않고, 최악의 상황이 어떤지 가늠할 수 없다는 사실은 불행 그 자체가 아닐 수 없다. 당신 기분이 울적하다면 말이다. 그러나 같은 이유에서 이것은 당신에게 무한한 기쁨과 희망의 원천이 될 수 있다. 자연의 다양성과 웅장한 영광, 전지전능함 속에 존재하는 인간성이 바로 당신 앞에 모여 있기 때문이다. 인간이 다른 인간을 온전히 바라보지 않고 이해하지 않는다고 해서 당신까지 그러면 안 된다. 당신뿐만 아니라 각각의 학생을 온전히 바라보고 이해하지 못하게 하는 것들, 특히 당신의 학급 계획, 수업 전략 그리고 매일 이루어지는 가르침을 안내해줄 수 있는 것을 파악하지 못하게 가로막는 것들에 주의를 빼앗겨서는 안 된다.

그렇다고 당신의 관심과 목적을 덮고 뒤로 미룬 채 다른 사람들만 챙기는 것은 인간관계에서 당연히 불공평하다. 따라서 당신에게는 성취할 수 있고 설명할 수 있는 당신만의 계획과 열정, 선호가 있어야 한다. 나아가 직접 관찰하는 것이 가르침과 배움에 크게 기여한다는 점과 더불어 학생 감시나 사생활

침해를 초래해서는 안 된다는 점을 당신의 마음과 정신도 분명히 알아야 한다. 교사로서 해야 하는 일에는 감시나 조사, 통제 또는 질서 유지가 포함되지 않는다. 교사로서 당신이 소망하는 바는 코치, 안내자, 교과 지식 전달자, 멘토, 공동 학습자, 카운슬러 등이 되는 것일 텐데, 여기에 전제군주나 전지전능한 통치자는 없다.

그런데 전제군주 같은 교사가 되는 상황을 한번 떠올려보자. 수업을 시작하는 첫날, 그는 이런 식의 말을 할지 모르겠다. "여러분, 환영해요. 올 한 해 동안 우리는 다 함께 아주 멋진 시간을 보낼 겁니다. 함께 성장하고 함께 배우고 함께 탐험하고 함께 발견하는 시간 말이에요. 정말 즐거울 거예요. 이 일이 잘되어 깊은 만족감을 느끼게 되기를 바라는데……. 그보다 먼저, 경찰을 부릅시다."

그러지 말라.

대신, 당신 교실에 들어서는 모든 학생이 측량할 수 없는 가치를 지닌 한 명의 사람이라는 흔들림 없는 신념으로 시작하라. 이런 신념을 신앙처럼 여기라. 그렇다고 해서 이런 신념을 당신이나 당신 학생에게 증명해 보여야 할 필요는 없다. 이런 신념은 눈에 보이지 않는 것들에 기초한다. 당신이 이런 신념을 품고 있다면 나쁜 행동에 맞서, 태도가 형편없는 사람들에게 맞서 그 신념을 보여주어야 한다. 그 사람이 정책을 집행하는 행정관료라 해도 말이다. 당신이 할 일은 학생의 가치를 계산해내는 게 아니다. 잘 기억하라. 학생의 가치는 절대 측정할수 없다. 당신이 할 일은 배움과 성장을 지원하고 지지하는 것이며, 배움과 성장 그리고 (당신이 굳게 믿기에) 학생 내면 어디에선가 살아 움직이며 계속 전진해가려는 타고난 욕구를 길러주는 것이다.

행정관료나 상급자가 요구하는 정책과 절차를 무릅쓰고 당신 앞의 학생들을 당신만의 호기심 어린 눈으로, 비판적 정신으로, 관대한 가슴으로 대할 수 있을까? 당신이 선택할 일이다. 교사로서 당신은 날카롭고 못생긴 바닷가 따개비처럼 아이들에게 딱 붙어 있는 알파벳 라벨에 저항해야 한다. 그리고 아이들의 특성을 결점으로써 구분하는 해로운 습관에도 저항해야 한다. 이런 습관이 당신이 일하는 학교의 정해진 규칙이라고 해도 말이다.

예를 들어 학교에서는 레이프를 주의력결핍증ADD:Attention Deficit Disorder이라 부르면서 레이프가 학교에서 맞부딪칠 장소 곳곳에 잘 달라붙는 꼬리표를 붙여놓고는 그에게 시선이 집중

되도록 할 수 있다. 그러나 적어도 당신 교실에서는 레이프가 정말 환상적인 시인PP: phenomenal poet 이나 교실 관리 도우미HHM: helpful hall monitor 로 불릴 수 있다. 다른 모든 아이들과 마찬가지로 레이프는 다차원적 인간이며 특히 원기왕성하게 움직인다. 적어도 당신 교실에서만큼은 레이프가 탈출구도 없이 환기조차 제대로 되지 않는 방에 갇혀 있다고 느끼지 않게 하라. 레이프는 복잡미묘해서, 어떤 때는 이전의 레이프와 똑같지만 어떤 때는 새로운 레이프의 모습을 보인다. 날마다 그런다. 당신도 그렇지 않은가. 당신에게 있는 마음, 그것을 활용하라. 레이프가 좀 더 온전한 자기 모습이 되도록 그에게 공간을 만들어주라. (당신 학급의 다른 학생들처럼) 레이프의 학생이 되어 모든 상황에도 불구하고 그에게서 얻을 수 있는 것을 배우도록 하라. 이 단 하나의 행동으로 당신은 끝없는 경탄과 더불어 깊은 만족감을 느낄 것이다.

당신의 유일한 가르침 전략이란 일방적인 강의나 칠판에 판서하는 일, 미리 만들어둔 학습자료를 수동적이고 순종적인 학생들에게 전달하는 것인가? 그렇다면 당신은 학생들이 얻었을지도 모를 최대 범위의 지식과 학습의 기회를 박탈했을 뿐만 아니라, 전체적이고 추진력 있는 강력한 학습자로서의 학생이 발견할 수 있는 다양한 상황을 보지 못하게 가로막은 것이다. 대체로 학생이 조용히 앉아 당신을 쳐다보고 있다면, 그 상황에서 가장 즐거운 사람은 어쩌면 당신이기 때문이다. 학생보다 교사가 즐거워하는 상황에서는 당신이 학습자로서 학생들에 관해 배울 수 있는 것이 많지 않다. 이 문제는 나중에 다시 다룰 것이다. 우선 진실된 배움은 전형적으로 활발하며 에너지가 넘친다는 점만 기록해두라. 발견과 경탄이라는 항해에서 의미를 만들어내는 에너지가 당신 학생이나 다른 학습자에게서 주체할 수 없을 정도로 흘러나온다고 생각해보라.

실생활의 예시가 필요하다면 근처 놀이터에 가서 아무 아이나 골라 살펴보라. 놀이터 모래함에서 통 두 개, 컵, 모종삽 따위를 가지고 놀고 있는 세 살짜리 아이를 선택했다고 치자. 그 아이는 통 두 개에 모래를 가득 담아서 몇 발짝 떨어진 곳으로 간다. 모래가 든 통을 그곳에 비워 모래 무더기를 쌓고는 다시 모래를 채우러 돌아온다. 그러면서 통이 작아도 두 통 가득 모래를 채우면 더 큰 통 하나를 채울 수 있다는 사실을 알아챈다. 아이는 자기가 알아낸 것을 확신할 때까지 이런 실험을 몇 번에 걸쳐 반복한다. 잠시 후 그 아이는 분수대로 가서 컵에 물을 담는다. 컵에 담긴 물을 가져와 조금 전까지 만든 모래 무더기

꼭대기에 쏟아붓는다. 자기 손가락으로 모래 위에 낸 강을 따라가면서 말이다. 이때 또래의 다른 아이가 다가오면 자기 컵을 주고는 하던 일을 나란히 계속한다. 서로 말을 주고받는다고 보기는 힘들지만 뭐라고 종알거리면서 말이다. 아이들의 작업은 거의 한 시간 반 동안 이어진다. 아이의 보호자가 다가와 집에 갈 시간이라고 말할 때까지.

이 광경에는 그 어떤 교사의 가르침도 없다는 점을 눈치챘는가? 전능한 수업 계획을 결합해 만드는 사람도, 강단에서 강의하는 사람도 없다. 게다가 이 세 살짜리 아이는 아무것도 노트에 기록하지 않는다. 이 아이는 (어쨌든 인생의 이 순간까지는) 누구의 '수업 대상'이 아니다. 그럼에도 이 아이는 분명히 배우고 있다. 대체로 자기 내면에서 나오는 동기와 모래, 모종삽, 통, 물이 유발하는 조건에 따라서 말이다. 아이의 동기는 자신이 하는 일을 이해하고 그 속에서 자신만의 의미를 찾게끔 이끈다. 겨우 3년 전에 자신이 던져진 이 세상을 배우느라 바쁘고, 바쁘고 또 바쁘게 말이다. 비록 시작 단계이긴 하지만 이 짧은 시간 동안 아이는 비중, 균형, 수리, 화학, 언어, 사회적 상호작용을 배우고 있었다. 아이가 보여준 집중력과 열정은 정말 대단하다. 그리고 어느 누구도 아이에게 하던 일을 계속하라면서 어떤 보상이나 간담이 서늘할 정도의 처벌은 하지 않았다.

이것이 모래놀이터 풍경을 통해 알게 된 진정한 배움이다. 이런 배움은 어느 시기에나 어느 곳에서나 일어난다. 이렇게 주체할 수 없는 불꽃을 좀 더 가까이에서 들여다보면 우리는 더 맑고 더 효과적인 교사가 될 수 있다. 이런 불꽃들이 세상을 어떻게 이해하게 되는지 알아가면서, 이 불꽃들 속에서 그리고 불꽃들 곁에서 가르침을 만들어가면서 말이다.

당신은 교사이므로 교실에서 주목받아야 할 필요가 있는 순간이 있기 마련이다. 그렇지만 언제고 맨 앞, 한가운데에서 주목받으려는 유혹에 빠지지 말라. 수업할 때, 교사로서의 잔소리를 할 때, 지도할 때는 핵심 내용을 짧고 간결하게 전하도록 노력하라. 프로젝트를 진행할 때, 공동협력이 필요한 과제를 부여할 때, 학생들에게 선택의 자유를 줄 때, 학급의 과업을 수행할 때는 협력과 소규모 공부를 위한 공간을 만들라. 이런 기회를 통해 학생들이 배움을 위해 활동하고 과제를 수행하는 모습을 관찰할 수 있는데, 학생들은 이를 계기로 배움을 촉진하게 된다.

유아 교실은 전형적으로 다양한 관심 영역을 나누어 꾸며진다. 블록 영역, 옷 꾸미기 영역, 수리와 조작 영역, 서가 영역, 콜라주와 찰흙 영역, 그림 그리기 같은 미술활동 영역 등. 아이들은 자발적으로 선택하고 적극적으로 배우려 하기 때문에 교사는 아이들의 전략, 통찰력, 선호하는 것, 노는 방법을 관찰하고 기록할 수 있는 기회를 많이 얻는다. 한 가지 흥미로운 사실은, 이렇게 배움에 대해 눈에 띌 만큼 용기 있고 서로 격려하는 학습자의 적극적인 태도가 초등학교 3학년이 지나면 도대체 왜 싹 사라져버리는지 도무지 그 이유를 모르겠다는 것이다.

내가 아는 5학년 교사는 자기 교실을 유치원에서 볼 수 있는 관심 영역으로 꾸며놓았다. 교실 구석에 있는 서가는 5학년들이 볼 만한 참고서적들로 채우고, 몇몇 지정 캐비닛에는 미술용품을 배치하고, 지도 제작 칸, 실뜨기와 재봉 칸, 숫자 막대기Cuisenaire 와 기하판geoboard 등을 갖춘 수학용품 칸, 체스와 체커게임 칸 등으로 꾸며놓았다. 학생들이 이곳에서 오랫동안 독립적으로 배울 수 있게 꾸민 것이다.

내 아들 말릭은 중학교 수학 교사이다. 말릭은 필요에 따라 자신이 '미니 강의'라고 표현하는 교과수업을 하는데, 셈판counting board · 단추 · 유리구슬 · 주판 등을 사용해 학생들이 관련 문제를 풀 수 있게끔 상황을 만든다. 다음과 같이 안내하면서.

"다 함께 문제를 해결하고 개념을 이해할 수 있도록 서로 도와 줘야 한다. 똑같은 문제를 한 모둠의 여섯 명이 전부 해결하지 못했을 때만 나에게 질문하고." 즉 학생들에게 서로 협동하고, 함께 작업하고, 서로 가르치라고 요구한다. 말릭은 이 모둠 저 모둠을 다니며 각 모둠이 문제를 해결하는 과정을 관찰하고 확인한다. (이 상황을 두고 말릭이 아이들의 답안 베끼기에 일조하는 게 아니냐고 냉소적으로 비판하는 이가 있을지 모르겠다. 전혀 그렇지 않다.) 한 모둠이 주어진 문제를 해결하고 나면, 학생들은 개별 활동 을 하거나 본래 모둠보다 더 작은 규모의 소그룹 활동을 조직 해 미술 활동을 하거나 다 함께 보드게임을 할 수도 있다(내가 알기로 말릭이 교직 경력 수년에 걸쳐 수집한 물품의 종류와 수는 꽤 많다).

학생 한 명 한 명은 3차원적 특성을 지닌 존재로, 단 한 번뿐 인 자기 삶을 살아가는 개별자라는 점을 잊지 말아야 한다. 이 지구상에 구불구불하고 다른 무엇으로도 대체할 수 없는 길을 만들면서 말이다. 각각의 학생은 학습 스타일, 학습 속도, 일련 의 상황을 경험하는 방식이 저마다 다르다. 교사로서 당신이 해야 할 일은 학생의 학습 스타일과 속도를 발견하는 것이다. 각각의 학생은 이 세상에서 온전히 고유한 존재이며, 유례를 찾아볼 수 없을 만큼 유능하다. 이런 실재를 직접 접할 수 있게 하라. 그리고 아이들에게서 개별 학습자의 특성을 지워버리고 오로지 집단으로만 보려는 태도에 맞서라.

누구를 물건처럼 취급하고 타인을 소유·착취·억압하는 행위는 당연히 1차원적인 도덕적 실수이다. 학생을 객체화하거나 특정한 방식으로 낙인찍는 것 또한 잘못된 일이다. 따라서 학생이 저지른 가장 나쁜 행동이나 통계적 프로파일(성별, 나이, 인종, 민족, 경제적 지위)로 학생을 호명할 수 있다는 생각에 나는 단호히 반대한다. 나아가 학교의 이러한 관리 방식에 굴복하지 않겠다는 요즘 젊은이들의 주장을 적극 지지한다.

해마다 새로운 학년을 시작하면서 쉬는 시간이나 활동시간에 한 명씩 면담하는 것이 좋다. 내가 잘 아는 2학년 교사는 매일 30분의 독서 시간을 활용해서 면담을 한다. 이 면담을 통해 그 교사는 수업을 진행하는 데 도움이 될 만한 많은 정보를 얻는다. 면담을 위한 그의 질문 목록은 대략 이렇다. "유치원 다닐 때 가장 좋았던 일은 뭐야? 1학년 때는? 2학년이 되면서 어떤 기대가 있어? 네 주변에서 누가 책을 가장 많이 읽니? 그 사람은 어떤 책을 좋아해?"

그 교사는 이름으로 게임을 이어가는 노래("The Name Game" "Who Stole the Cookies from the Cookie Jar?" 같은 노래)로 하루 수업

을 시작하면서 모든 아이의 이름을 불러보게 된다. 그는 '금주의 학생'을 선정하고, 교실 한쪽 구석에 '금주의 학생'을 위한 공간을 마련해준다. 매주 월요일에 한 아이를 지명해 집에서 사진, 장난감, 게임기, 그 밖의 물건들을 가져와 전시하고 조금 길게 면담한다. 좋아하는 음식은 뭔지, 가장 좋아하는 책과 운동은 뭔지, 가장 행복하게 만들어주는 것은 뭔지, 이름을 지어준 사람은 누구이며 어떤 의미인지 등등을 물어본다. '금주의 학생'은 '자기 연구' 결과를 전시할 기회를 얻는다. 조부모가 젊은 시절을 타국에서 보낸 이야기를 정리하거나, 미국의 다른 지역 이야기 등을 조사한 내용 등이다. '금주의 학생'에 선정된 학생은 금요일이 되면 자신의 연구 결과 전시물 옆에 앉아 다른 학생들의 질문을 받고 대답하는 시간을 갖는다.

학생들은 교실에서 민주주의 정신과 마음에 관해 가장 중요한 질문을 던지는 방법을 배울 수 있다. 간단하고 심오하거나 직설적이고 복잡하게 얽힌 질문과 씨름하는 방법 또한 배울 수 있다. 이를테면 "네 이야기는 어떤 거야?" "그 이야기가 온전하고 공정하다고 말할 수 있는 시각은 어떻게 갖추게 됐어?" 같은 질문이다.

물론 모든 인간 삶에는 고난, 상실, 아픔이 담긴 이야기가 있기 마련이다. 아픔을 미리 막을 수 있다면 고난은 없을 것이다. 그러나 우리의 바람과는 달리 인간 삶의 이야기에는 우리가 원하지 않는 것들이 흔해 빠졌다. 학생들의 이야기는 종종 무시되거나 소홀히 다루어지며, 오로지 편견과 낙인으로 왜곡된 방식으로만 비친다. 이들의 양도할 수 없고 무시해서도 안 되는 인간의 3차원적 특징은 질식해 사라질 지경이고, 이들의 희망은 팔다리가 묶여 움직일 수 없으며, 가능성은 억제당하거나 단속되고 있다. 그런 까닭에 더 강력하고 억압할 수 없는 학생들의 목소리를 키우는 일이 무엇보다 중요해지고 있다.

도대체 당신은 누구인가? 당신이 택한 선택과 기회란 무엇인가? 다른 사람들의 이야기와 같거나 또는 다른 당신만의 이야기는 무엇인가? 시인 메리 올리버Mary Oliver가 충고하듯 아직 탐험하지 않은 당신의 소중한 삶에서 어떤 계획을 세우고 있는가? 이 계획 속에서 어떤 내용을 차근차근 채워갈 것인가? 다음에는 어떤 내용이 등장할 것인가? 어느 누가 확신할 수 있겠는가? 왜냐하면 모든 사람은 자기 이야기의 다음 장을 써나가야 하며, 부분적으로는 모든 인생이 기회와 선택 사이의 변증법적 과정이자 때때로 너무 난해한 협상의 과정이기 때문이다.

학생은 자신의 목소리와 이야기를 찾기 위해 당신에게 의지할 수 있다. 현명하고 감각적인 교사인 당신에게 말이다. 당신은 학생의 마음과 정신을 받아주고, 학생의 관점과 생생한 경험을 인정해줘야 한다. 그리고 학생의 진가를 온전히 알아주어야 한다. 당신은 학생을 도와 삶을 치고 올라서게 하며, 부정적이고 통제된 삶을 넘어서게 할 수 있다.

말릭은 지난 몇 년 동안 이민자 자녀들에게 영어ESL를 가르쳐왔다. 매 학기 수업을 시작할 때마다 그는 5분 동안 자유로운 글쓰기 시간을 마련한다. 아이들은 대개 이전 수업에서 촉발된 자극이나 이런저런 내면의 커다란 (그리고 점점 커지는) 생각 목록에서 끄집어낸 내용으로 글을 작성한다. 여기에는 "①모든 사람이 나한테 늘 ……라고 물어봐요. ②엄마 이름은 뭐니? 엄마 고향은 어디야? 엄마의 엄마, 그러니까 외할머니 이름은 뭐니? 외할머니 고향은? 네 이름은 뭐니? 학교에는 어떻게 왔니? ③태어났을 때 주변 환경은 어땠어? ④억울하게 혼난 적이 있니? ⑤지난 일들을 6개 단어의 글로 표현해봐. ⑥네가 어떻게 살아왔는지 60초 동안 이야기해보렴" 같은 내용이 있다.

누구도 자기 글의 내용을 큰 목소리로 발표하지 않아도 되지만, 몇 분 지나지 않아 몇몇 학생이 자기 글을 읽고 싶어 하는 상황이 발생한다. "글 고치기 없기. 잘못 썼다고 미안해하기 없기. 글이 이상하다고 놀리기 없기." 발표한 글에서는 아주 다양한 웃음거리가, 감동할 만한 내용이, 반짝거리는 생각들이, 현명한 판단 등이 드러난다. 학생들이 그날 읽을거리를 잡고 있을 때 말릭은 교실을 돌아다니며 각자 자유롭게 쓴 글을 읽고 문법, 철자, 어법, 단어 등을 고쳐준다.

희망과 꿈, 두려움은 한마디로 어린아이 같다. 모든 예술과 이야깃거리가 그렇듯 말이다. 그러나 우리는 이런 것들을 여전히 손에 쥐고는 놓으려 하지 않는다. 이 세상은 이야기로 만들어져 있다. 하긴 이야기 말고 다른 것이 있을까. 오로지 이야기와 이야기에 관한 이야기만 있을 뿐이다. 자기 이야기를 하고, 그 이야기를 신뢰하고, 적극적으로 공감하면서 다른 사람들의 이야기를 듣는 것, 이것이 민주주의가 작동하는 방식이다. 모든 사람은 귀하다. 어느 누구도 다른 누구보다 더 귀하지 않다. 더 넓은 세상 속에서 진실하라. 이것이 당신의 교실에서 가르쳐야 할 가장 중요한 진실이다.

4

교실,
어떤 배움의 공간으로 만들 것인가?

ABOUT
BECOMING
A TEACHER

당신만의 독특한 학습환경을 조성하는 일은

학생들이 어떻게 배우는지에 초점을 맞추는 데서 시작할 수 있다.

환경은 제3의 교사라는 사실을 명심하면서 당신의 교실을

안전하고 존중받으며 즐거운 곳으로 만들어보라.

야외학습!

새내기 교사일 때 나는 야외학습을 단 1초도 망설이지 않았다. 누가 근처 공항으로 야외학습을 가면 어떻겠느냐고 해서 가겠다고 주저 않고 대답했다. 그러고 나서 한 주일 동안 나는 야외학습에 관해 별로 고민하지 않았다. 물론 아무 계획도 세우지 않았다. 그리고 나는 어느새 사랑스러운 다섯 살짜리 그룹을 데리고 공항 대합실 입구에 와 있었다.

그다음에 벌어진 일은 내게 충격과 경악 그 자체였다. 아이들은 대합실을 전속력으로 뛰어다녔다. 마치 경주에 참가한 선수들이 출발을 알리는 총소리를 듣고 뛰는 듯했다. 나만 못

들었나 싶을 정도였다. 아수라장, 무법천지, 대혼란. 아이들은 빨리, 더 빨리 뛰어다녔고, 그 모습을 지켜보던 가엾은 초보 교사(나)는 주변을 헤매면서 아이들을 다시 모으려고 허둥댔다.

학교로 돌아와서 아이들에게 야외학습에서는 뛰거나 선생님한테서 멀어지면 안 된다고, (내 생각에는) 잘 알아들을 수 있도록 침착하게 설명했다. 정확히 말하면 그렇게 설명했기를 바랐다. 안전하고 생산적이며 공공장소에서 환영받으려면 우리가 다 함께 있어야 하고, 손을 잡고 조심스럽게 행동하며 서로 주의해야 한다고 했다. 아이들은 모두 고개를 끄덕였다. 다 알아들은 듯했다.

공항에서 모험을 한 뒤 나와 아이들은 모두 (야외학습을 할 만반의) 준비가 되었다고 확신했다. 아이들은 규칙을 알고 있었다. 아이들은 두 명씩 짝을 지었고 각자 기억할 만한 순간을 기록할 수 있는 작은 공책과 색연필이 든 가방을 멨다. 그러나 우리가 다시 공항 대합실에 도착했을 때, 지금까지의 모든 지도와 이성적 사고는 창밖으로 날아가버렸다. 아이들은 또다시 내 곁을 떠나 전속력으로 뛰어다녔다. 이번에는 잘 준비됐을 거라는 내 머릿속의 평가는 완전히 빗나갔다.

그렇지 않다면 뭐겠는가? 그게 무언지 알아차리기 위해 몇 번의 시행착오를 겪었지만 다른 무엇이 이어졌다. 한참 뒤에야 문제는 준비가 아니라 바로 내 앞에서 일어나는 일을 제대로 보지 못한 것임을 천천히 깨달았다. 환경 그 자체가 아주 강력한 교수자로 기능했다. 이런 환경이 보내는 메시지(뛰어라!!!)는 내 메시지(함께 모여서 …… 절대 뛰지 마라)와는 완전히 상반된 것으로, 내 메시지보다 더 강력한 힘을 발휘했다.

제3의 교사가 자신의 힘을 제대로 보여준 것이다.

이것은 아주 오래전 일이지만, 배움을 위한 환경과 그런 환경을 만드는 일이 얼마나 중요한지 생각할 때마다 다시 되돌아보게 된다. 그때 나는 스무 살이었는데, 가르침에 관해 평생 나를 인도해줄 만한 중요한 교훈을 이때 얻었다. 제3의 교사가 아주 근본적이라는 점 말이다. 몇몇 사례를 보면 전능하기까지 하다. 만약 이 교훈을 무시한다면 위험을 감수해야 한다.

나는 이 교훈을 계속해서 더욱 정교하게 다듬고 심화해나갔다. 그리고 인간이 만든 환경을 허투루 대하지 않게 되었다. 그 환경 속에 담긴 의도되거나 의도되지 않은 의미들, 명시적이거나 암시적인 가르침, 계획과 소망, 분위기와 느낌을 찾아내려고 노력했다. 제3의 교사는 당신에게 최고의 친구이자 가장 믿을 만한 동지가 될 수 있다. 또는 당신의 적이자 원수가 될 수도 있다. 이것은 순전히 당신에게 달린 문제이다.

몇 년 뒤, 나는 시카고에 있는 소년원 교정학교에서 몇 달을 보냈다. 그곳에서 헌신적이고 영감을 주는 몇몇 교사들과 함께 일했다. B선생은 그중에서도 가장 훌륭했는데, 그는 특히 이곳 청소년들에게 교육의 목표라는 측면에서 열심히 공부할 수 있는 환경을 만들어주고자 했다. 그곳 학생들은 대개 15~16세의 청소년들로, 심각한 범죄를 저지르고 기소되어 성인 형사법원의 재판을 기다리고 있었다. 이 학교 교사들에게 야외수업의 기회란 가당치 않은 것이었다.

이 글을 읽는 독자 중에는 군대식 교실을 떠올리는 사람이 있을지 모르겠는데, 예상대로 이곳 교실에서는 위계적이고 강압적이며 엄격한 훈육이 전개되었다. 그러나 B선생은 이와 정반대로 접근했다. 교실 앞문은 '환영한다WELCOME'라는 표지판으로 장식되어 있다. 그 옆에는 학생 한 명 한 명의 자필 글귀가 담긴 사진이 붙어 있는데, 글귀는 "내 이름은 마르쿠스, 15살이야. 난 불스Bulls, NBA를 좋아해" 이런 식이었다.

교실 벽에는 유명한 그림, 예를 들어 피카소의 〈게르니카〉

〈아비뇽의 처녀들〉, 클림트의 〈키스〉, 반 고흐의 〈별이 빛나는 밤〉, 뭉크의 〈절규〉를 인쇄해 붙여놓았다. 그리고 일부 공간을 지정해 자신이 좋아하는 화가, 예컨대 제이콥 로런스, 해리엇 터브먼, 프레더릭 더글러스, 존 브라운 시리즈 중에서 몇몇 모조품을 걸어두었다. 교실은 밝고 아름다웠다. B선생이 그어놓은 선을 중심으로 활기 넘치는 공간인 '여기'와 '저기'가 명확하게 구분되었다. '여기'의 바깥에는 온갖 힘든 실재가 자리하고 있었다.

B선생은 하루 일과 중 많은 시간에 그리고 매일 아침 학생들이 들어올 시간에 탁상용 오디오로 고전음악을 부드럽게 틀어놓았다. 그는 누구나 '고급문화'를 누릴 수 있어야 한다고 주장했으며, "바흐와 내 반 학생들의 유일한 차이는 '기회'가 다르다는 것뿐"이라고 말했다. 어느 날 학생 한 명이 B선생에게 (바흐의) 〈골드베르크 변주곡〉을 틀어달라고 부탁하는 모습을 보고 나는 깜짝 놀랐다. 놀랄 필요는 없었는데 말이다.

한쪽 벽 앞에는 화구가 담긴 이젤이 네 개 있고, 구석에는 작업대와 기본 도구, 나무통이 놓여 있었다. 다른 쪽 벽은 책과 잡지, 신문으로 가득한 교실 서가가 차지하고 있었다. 자유시간이 되면 학생들은 자신이 원하는 구역을 선택해 활동하거나 놀이를 할 수 있다. 교실 뒤편의 긴 탁자에서 계속되고 있는 책 만들기 프로젝트에 참여할 수도 있다.

책상은 두 개씩 붙여서 학생들은 '교육시간' 동안 각자의 짝과 함께 활동한다. B선생은 이 시간에 토론을 하거나 교과수업을 한다. 이른바 독립된 이 교실에서 그는 습득수준이나 성취수준이 천차만별인 학생들에게 수학, 과학, 영어, 역사 등 모든 교과를 가르친다. 필요하다고 생각하면 주어진 교육과정을 수정, 편집해서 수업에 반영한다. 그러나 그의 진정성은 자유시간에 드러난다. 이 시간에 학생들에게 무엇이 필요하고 얼마나 진전됐는지 파악하면서, 그들의 상상력과 창조성을 지지하고 격려해줄 수 있기 때문이다.

B선생은 자기 학생들이 함께 일하고, 협력하고, 합리적으로 선택하는 법을 배우기를 바랐다. 자기가 가르치는 학생 한 명 한 명이 이젤이나 작업대 또는 글쓰기 탁자에서 자신만의 무엇을 만들어내는 경험을 하기를 바랐다. 다른 이들에게 존중받고, 단지 인간이기 때문에, 인류 공동체의 한 부분이기 때문에 마땅히 받아야 하는 차분한 호의를 느껴보기를 바랐다. 학생들이 내면의 인간다움에 더욱 충만하게 가닿기를 소망했다.

매주 금요일이면 B선생은 학교 규칙을 어기고 던킨도넛에서 간식을 가져왔다. 어떤 일에 대한 보상이 아니라, 그저 자신이 학생들에게 관심이 있다는 사실을 알리려는 행동이었다. 그는 큰 소리로 웃으며 이렇게 말을 꺼냈다. "얘들은 10대 소년이에요. 항상 배고픈 아이들이라구요. 소년원의 급식만 먹고 모든 면에서 박탈감을 느끼는 이런 환경에서 배고픔은 엄청난 은유죠. 도넛을 사오는 것은 어렵지 않아요. 그렇지만 이 아이들에게는 뭔가 대단한 의미가 됩니다. 아이들은 고마움을 좀 과장되게 표현하기도 하는데, 저에게 아첨하거나 저를 난처하게 만드는 거죠. 저라도 그랬을 거예요."

당신이 어릴 때 경험한 교실을 잠시 떠올려보라. 교실이 어땠는지 기억나는 것이 있는가? 전체적인 분위기라든가 느낌, 편안하거나 불편했던 느낌 말이다. 혹시 교실에 "책을 읽으시오READ" 같은 교훈적 메시지가 붙어 있지는 않았는가? "집처럼 편안한 교실" "창조하라" "호기심을 품어라" 따위의 말은 없었는가? 이런 말들이 효과적이었는가?

이번에는 좀 더 최근에 본 교실을 생각해보라. 그 교실 벽에는 어떤 메시지들이 붙어 있었는가? 교사는 그 메시지들이 요구하는 일을 어떻게 달성했는가?

마지막으로, 대학 강의실을 떠올려보고 똑같은 질문을 던져보라. 대학 강의실도 제3의 교사로서 의도적으로 작동하고 있는가? 어떻게 그러한가? 왜 그러한가 또는 왜 그렇지 않은가? 예외적인 두 학교(뱅크스트리트 칼리지, 뉴욕시립대학교 워크숍 센터)를 제외하면 지금까지 내 경험상 대학 강의실은 전형적인 직사각형 구조물로, 창백한 형광등 조명과 특징 없는 페인트색, 환기가 제대로 되지 않는 공기로 대표되었다. 물론 당신의 경험은 다를 수 있다. 만약 다르다면 당신이 경험한 대학 강의실은 어떠한가?

나는 시카고의 일리노이대학교에서 '학습환경 개선'이라는 과목을 1년 동안 가르쳤다. 그때 나는 내 강의의 내용과 토론 내용이 강의 장소가 보여주는 실제와 완전히 대비된다고 느꼈다. 강의실은 극장식으로 만들어졌는데, 붙박이 의자들이 놓여 있고 의자마다 접이식 탁자가 붙어 있었다. 그리고 작은 무대 위에 강의용 교탁이 있었으며, 창문은 사방 어디에도 없었다. 내가 보기에는 그 장소 자체가 온통 잘못된 메시지를 보내고 있었다. 그런 환경은 내가 경멸할 만했다. 그래서 강의실 환경을 **개선할** 묘책을 강구했다. 우리는 학습환경 개선에 관해 단지 추상적인 방식으로 말만 던지지 않았으며, 이 끔찍한 공간을 일종의 도전으로 삼아 적어도 좀 더 낫게 만들고 싶었다.

끔찍하다 싶을 정도의 조명에 불만을 터뜨리고 맞은 저녁 강의 첫날, 나는 학생들에게 다음 강의시간에는 각자 조명기구를 가져오면 좋겠다고 부탁했다. 결과는 놀라웠다. 서로 다른 크기와 모양의 촛불부터 다양한 손전등, LED 헤드램프, 알라딘 램프, 라바 램프, 캠핑용 랜턴, 야광봉, 야광등까지, 거기에 삼면이 거울로 둘러싸여 촛불을 놓을 수 있게 만든 원목 조명 스탠드, 가정용 노끈과 식용유로 만든 수제 오일램프도 있었다. 머리 위를 비추던 형광등을 끄고 각자 가져온 온갖 종류의 조명을 켰다. 서로 다른 조명의 조화는 눈부실 만큼 황홀하고 따뜻하며 편안하게 느껴졌다. 수업이 끝나고 집으로 도로 가져갈 필요가 없는 조명은 강의실에 그대로 두게 했다.

다음 강의 시간에는 학생들에게 살아 있는 것을 가져오라고 요청했다. 결과는 아주 성공적이었다. 학생들은 큰 키 식물, 나무, 허브 등을 심은 화분을 가져오는가 하면 개미, 지렁이 사육

통, 어항, 흰담비와 햄스터, 새끼 고양이 두 마리를 가져오기도 했다. 감탄할 만하지 않은가. 불쾌하기 이를 데 없던 강의실은 조금씩 나아졌다. (환경 개선에) 편안한 마음으로 기부할 수 있는 물품들이 강의실에 남았다(고양이, 흰담비, 햄스터는 제외하고). 다른 강좌를 듣는 다른 학생들도 이 강의실 개선에 참여할 수 있는 여지를 조금 남겨두면서 말이다.

한 주 한 주가 지나면서 이런 과정이 쌓였다. 이제 강의실에 도서관을 차려보자— 팡! 강의실에 책과 그래픽과 잡지가 그득해졌다. 이번에는 강의실을 우리가 누구인지 되돌아볼 수 있게 꾸며보자—사진으로 장식한 자전적 스케치가 벽에 걸렸고, 각자의 집에서 자신의 문화유물cultural artifacts을 가져왔다. 강의실 여기저기에 개선된 모습과 새로운 디자인이 보였고, 흘러넘친 물품들이 복도까지 차지하더니 사용할 수 있는 공간 전체를 메우게 되었다.

강의실 공간을 완전히 새롭게 바꾸는 데 에너지를 너무 쏟고 흥분한 나머지, 이런 변화가 건물 관리원을 포함한 다른 사람들에게 어떤 영향을 끼치는지 전혀 생각하지 못했다. 같은 강의실에서 다른 시간에 강의하는 동료 교수와 학생들이 약간의 농담을 섞어 다음과 같은 메시지를 보내기 전까지는 말이다. "에이어스 교수한테 내 강의실에 있는 이 쓰레기들을 다 가져가라고 말하세요." 이런! 우리는 어쩔 수 없이 지금까지 꾸민 강의실을 해체해 물건들을 치워야만 했다. 그렇지만 몇몇 간단한 행동을 통해 도통 답이 없어 보이는 공간을 삶과 배움이 넘쳐나는 곳으로 바꿀 수 있다는 느낌을 받았다. 충분히 기억할 만한 교훈 아닌가.

당신만의 독특한 교실 환경을 조성하는 일은 학생들이 어떻게 배우는지에 초점을 맞추는 데서 시작할 수 있다. 이것은 온통 만연해 있으며 지배적인 '은행저축식 모델banking model'●과는 몇 광년 떨어진 접근법이다. 은행저축식 교육모델에서는 교사가 돼지저금통만큼이나 활력 없는 수동적인 아이들의 머리에 낸 구멍 속으로 은행에 돈을 예금하듯 지식과 정보를 쑤셔넣는다. 이 모델은 인간이 실제로 어떻게 배우는지에 관해 우리가 알고 있는 모든 것을 기만한다.

배움은 수동적이지 않고 활발하다. 배움은 개인적이지 않고

● 교사에 의해 일방적으로 이루어지는 교육방식. 프레이리의 교육이론에서 언급된다.

사회적이며 상호적이다. 배움은 특별하기보다는 자연적이다. 배움에 이르게 하는 깊은 동인은 본능적이고 선천적이며 타고난다.

어떤 유아든 10분만이라도 관찰해보라. 아이는 오감을 충분히 사용해 관찰하고, 듣고, 만지고, 냄새 맡고, 맛을 보면서 운동장이나 유치원이나 거실을 가로질러 달린다. 당신은 이 아이보다 좀 더 자란 학생들을 위해 모든 오감을 자극할 만한 공간을 만들고 싶을 것이다. 어린아이건 좀 더 자란 청소년이건 학생들은 가만있지 않고 늘 움직인다. 절대 조용히 있지 못한다. 잘못 인식된 사실이지만, 전형적으로 학교에서는 조용히 있는 것이 '배움'에 필요한 선결조건으로 요구된다. 아이들은 다른 아이, 친구, 동급생, 가족, 그 밖의 다른 어른들과 수다 떨면서 지극히 사회적이고 본능적으로 상호작용을 한다.

좀 더 가까이 들여다보자. 이 아이들은 만들고, 창조하고, 연기하고, 상상한다. 더불어 가설을 세우고, 실험하고, 검증하고, 질문하고, 표현할 수 있는 프로젝트를 수행한다. 모든 것이 지식을 구성하고 의미를 만들어내려는 관심 속에서 이루어진다. 즉 이 아이들은 '배우는 중'이다. 만약 당신에게 인생의 의미에 회의가 드는 존재론적 위기의 순간이 온다면 하루 동안 유아들을 관찰해보기를 권한다. 인생의 의미란 살아가는 것이라는 답을 찾을 수 있을 것이다.

아이들은 주변 환경과 꾸준히 상호작용을 한다. 2차 세계대전이 끝나고 이탈리아의 레조 에밀리아^{Reggio Emilia}에서 가족 상담을 한 로리스 말라구치^{Loris Malaguzzi}라는 심리학자는 환경을 '제3의 교사'라고 지적했다. 만약 우리가 환경을 이런 식으로, 즉 제3의 교사로 생각한다면 아주 신나는 일이 아닐 수 없다. 이제 늘 교실에 머무르는 보조교사를 두는 셈이기 때문이다. 그러나 우리는 이런 사실을 너무 자주 무시하거나 너무 당연하게 여긴다. 우리는 보조교사를 만들고 적절히 배치하는 방법을 좀 더 현명하고 충만하게 의식해야 한다. 그러면 당신은 잠에서 깨어나 당신의 새로운 친구인 제3의 교사와 더욱 활기차고 정신적인 관계를 맺느라 바빠질 수 있다.

당신이 어떤 과목을 가르치든, 누구를 가르치든 또는 다른 어떤 일을 하든 당신의 주변 환경은 유명하고 자주 인용되는 의사들의 맹세를 충실히 지킨다는 사실을 잊지 말라. 첫째, 남에게 해를 끼치지 말라. 이와 관련된 조언 중에서 나는 시카고 컵스^{Chicago Cubs} 감독이었던 조 매든^{Joe Maddon}의 말을 좋아한다. 망치지 말라.

당신이 있는 공간은 안전하고 존중받으며 즐거운 곳이어야만 한다. 그리고 그 공간에서 학생들은 움직이고, 자기가 하고 싶은 일을 선택하고, 다른 누구와 소통하고, 만들고, 창조하고, 연주하고, 발명하고, 상상하고, 의심하고, 꿈꾸고, 가정하고, 실험하고, 시험하고, 질문하고, 자신을 다양한 방법으로 표현할 수 있어야 한다. 공연히 학생들에게 조용히 하라고, 움직이지 말라고 강요하며 헛되이 시간을 쓰지 말라. 강요하는 것은 본성에 어긋난다. 인간은 살아가면서 대체로 그렇게 배우지 않기 때문이다.

사람들은 대부분 자기 경험을 통해 가장 잘 배운다. 단, 자신의 학습 방향을 어느 정도 통제할 수 있어야 한다. 이때 사람들은 자기를 표현할 수 있는 방법을 충분히 탐색할 수 있기를 바란다. 아주 어린 아이들조차 자신의 생생한 삶에 기초해서 지식을 얻으며, 우연히 마주치고 경험한 모든 것에 관해 생각을 나누고 다듬기 위한 다양한 기회가 필요하다. 이런 아이들은 수업의 대상이라기보다는 활발한 견습생으로 여겨야 하지 않겠는가.

물론 학습환경은 물리적 공간 이상의 어떤 것을 의미한다. 문화적·사회적·심리적·정서적 공간이기도 하다. 이런 공간이 지니는 차원의 면면은 온전히 당신 손에 달렸다. 당신이 발견하고 알맞게 사용할 수 있는 방법은 무수히 많지 않은가.

유치원부터 대학원 수업까지 맡아본 선생으로서 나는 언제나 노래를 부르거나 시를 읽는 것으로 수업을 시작했다. 어린 이들과는 이름 노래를 부르는 것으로 시작해서 민요, 돌림노래, 다 함께 부르기 등으로 가지를 뻗어나갔다. 좀 더 자란 아이들과는 큰 소리로 시를 읽은 뒤 감상을 위해 잠시 고요하게 묵상하는 시간을 마련했다. 그러고는 통상적으로 자유로운 글쓰기 시간으로 이어갔다. 모든 연령대의 아이들과 함께 이렇게 시작하는 수업에는 짧은 회합이 따른다. 우리는 이 시간에 그날의 학습 목표와 정해진 일과가 어떨지 예상해보고, 어제 일을 돌아보고, 오늘 새롭게 일어날 일을 기대하게 된다.

당신은 학습환경인 교실이 어떤 모습이어야 하는지 결정을 내려야 한다. 학생들과 어떤 수업 목표를 정할지, 앞에 소개한 강좌에서 내가 대학생들과 한 것과 비슷한 일에 대해서 말이다. 교실 주위를 돌아보자. 이 교실이 우리가 원하는 교실의 모습인가? 어떻게 하면 교사 개인의 배경과 특별한 문화 그리고 하위문화를 더 잘 반영할 수 있을까? 어떻게 하면 우리의 선호, 목표, 우선순위를 더 강하게 반영해 교실을 채울 수 있을까? 해가 바뀌면서 교실은 우리의 필요와 요구의 변화를 반영하는 데 충분할 만큼 활기와 유연성을 유지해나갈까?

교사가 된 내 제자 한 명은 자기가 다니는 도심 공립학교의 여건을 조사, 연구했다. 자신이 담임을 맡은 5학년 학생들과 함께 진행한 이 연구는 1년 동안 범위가 엄청나게 넓어졌다. 그는 아이들에게 자신들의 학교를 근처의 사립학교, 교구학교, 다른 공립학교와 비교하게 했다. 이에 따라 아이들은 교사, 학생, 이웃 주민, 학부모, 지역 공무원들을 찾아다니며 면담하고 환경 영향을 조사했다. 이 과정에서 아이들은 녹색 디자인과 보편적 디자인을 배우게 되었다. 학생들은 학교 관리인들과 면담하면서 청소가 전략적이고 협력적으로 이루어질 수 있는 계획안을 만들기도 했다. 이 계획안 덕분에 학교 관리인들은 학교를 안전하고 건강하게 유지하기 위해 자잘한 청소에 신경 쓰지 않고 좀 더 복잡한 일, 시간이 오래 걸리는 일에 집중할 수 있었다.

당신의 공간을 좀 더 문학적이게 만드는 100가지 방법은 무엇인가? 벽에 단어를 붙여놓는 것, 작문 공간을 만드는 것, 매주 작가 초청 모임을 여는 것, 신문이나 잡지에서 글과 사진을 오려내 게시하는 것, 하루 한 단어를 골라 제시하는 것

정도?

내가 아는 3학년 담당 교사는 엄청나게 큰 책벌레를 만들었다. 이 녹색 책벌레는 웃는 얼굴을 한 머리 부분에서 시작하는데, 벌레의 모습이나 크기는 미완성이고 건축용 종이테이프로 벽에 고정되어 있다. 학생이 책을 한 권 읽을 때마다 색이 칠해진 종이테이프에서 커다란 동그라미를 잘라내고, 거기에 책 제목, 작가, 책에서 따온 구절을 적은 뒤 자기 서명을 덧붙이게 했다. 그러고는 점점 커지는 벌레에 그 동그라미 조각을 붙였다. 책벌레는 교실을 두 번 돌아 휘감고는 교실 문을 나가 교장실로 향하는 현관 쪽으로 내려갔다.

어쩌면 당신은 지도를 걸고 싶을지 모르겠다. 학생을 지도박사로 만들기 위해 창의적인 방법으로 공간 지각을 깨우치게 하고 싶을 것이다. 그렇다면 우선 학교나 이웃 사회의 위치, 박물관 가는 길, 집에서 침실이나 부엌에 이르는 길, 도시의 운동장, 공원, 휴게소 등의 위치를 지도로 만들어볼 수 있다. 대중교통 시스템이 제공하는 버스나 전철 지도를 모을 수도 있고, 대형 매장에서 제공하는 소비자 지도나 가스·전기 회사들이 만든 사용량 지도, 역사적 시기와 관점에 따라 다양하게 제작된 세계지도(메르카토르도법을 따른 세계지도와 피터스도법을 따른 세계지도를 나란히 걸어보자. 같은 세계이지만 완전히 다른 관점을 볼 수 있다), 전국-시-도 지도 따위를 모을 수 있다. 수천만 개의 장소 중에 여기 한 곳이 있다. 당신은 예술과 과학이 교차하고 상상력과 사실이 맞대면하는 이곳에 서 있다.

시카고에서 고등학교 교사로 일하는 내 친구는 가르치기 위한 주요 자료로 지도와 지도 만들기를 활용한다. 학생이 만드는 모든 종류의 지도는 해마다 교실에 전시한다. 나는 한창 진행되고 있던 프로젝트에 특별히 마음을 빼앗겼다. 시카고의 윤곽만 그려지고 나머지는 텅 비어 있는 곳에 학생들이 자신들의 삶을 지도로 만드는 프로젝트였다. 종종 지도 하나를 여러 번 사용하기도 한다.

어떤 지도는 너무 빽빽하게 그려져 정신을 잃을 지경이다. 그런가 하면 어떤 지도는 자세히 묘사되어 있으며, 또 어떤 지도는 추억을 자극한다. 한 지도에는 입구가 세 개 있다. '내가 살았던 장소— 그린우드산Mt. Greenwood, 로저스 파크Rogers Park, 리틀 이탈리아Little Italy.' 다른 지도에는 단 하나의 점만 표시돼 있다. '74번가와 마틴 루서 킹 가가 만나는 곳. 경찰이 나를 잡아 세워서는 내 소지품을 모조리 시궁창에 내던지고 뒷좌석은 잡아뜯고 가버린 곳'. 또 다른 지도는 정말 인상적이었다. 지도의 온 공간을 갈색, 검은색, 노란색, 흰색으로 가득 채우고 거기에 '분리된 도시'라고 이름 붙였다. 다른 지도에는 '가지 않는 장소들'이 표시되어 있었다. 어떤 학생은 시내에서 유용한 물품을 주울 수 있는 여러 장소를 지도로 작성했고, 어떤 학생은 자기가 몰래 잠입하거나 접촉했던 기차 하역장을 모두 지도에 표시했다.

반전운동을 하는 참전 군인이자 시각디자인 예술가인 내 친구 에런 휴스Aaron Hughes는 전쟁에 반대하는 퇴역 군인들의 집을 나타내는 7개 구역을 지도에 표시하고 "FBI에게: 전쟁에 반대하는 이라크전쟁 퇴역 군인들이 사는 곳을 찾느라 고생하는 당신들의 수고를 덜어주기 위해 이 지도를 만들었다. 우리가 전쟁을 끝내기 전에 빨리 와서 막아보라"라는 설명을 달아놓았다.

당신의 교실을 학생들이 집에서 가져온 물건들로 가득 찬 박물관으로 만들어보라. 또는 예술가의 작업실이나 공연장으로 만들어보라. 학생들이 만든 작품을 대중에게 전시하고 싶은 마음이 생길 것이다. 어쩌면 교실 서랍장이나 물품보관함, 각자의 작업 폴더처럼 학생들이 직접 장식하거나 새롭게 만들 수 있는 공간을 지정해주고 싶을지도 모른다. 자기 소지품을 담을 수 있게끔 말이다. 학교 건물과 맞닿는 땅에, 완전한 텃밭은 아니더라도 당신만의 아보카도, 민트, 바질, 박하, 감자 따위를 심어 기르고 싶을 수도 있겠다.

집을 연상시킬 만한 교실을 생각해보라. 앉거나 웅크릴 수 있는 부드러운 공간 또는 보금자리, 간식을 넣어둘 수 있는 부엌장, '열기 없이도 요리'할 수 있게 만든 공간은 어떤가? 내가 아는 어느 교실은 입구에 자그마한 깔개가 있는데, 학생들은 그곳에서 신발을 벗고 슬리퍼로 갈아 신어야 한다.

교실을 꾸미는 방법에는 얼마든지 많은 아이디어가 있다. 아이들에게 경의를 표하라. 그들이 존재하고 살아가는 방식과 그들이 배움에 이르는 접근법을 존중하라. 지금부터라도 목록 만드는 일을 시작하라. 그러면 1년 뒤에는 당신이 정말 좋아하는 교사나 선임 교사가 당신 교실에 들어왔을 때 당신이 무엇을 소중하게 여기는지, 학생과 그들의 배움을 어떻게 이해하는지, 교실에 들어온 학생들과 자기 자신에게 무엇을 기대하는지 바로 알아차릴 것이다.

완벽한 이방인인 내가 지금부터 1년이나 2년 뒤에 당신 교실을 방문하게 된다면, 교사가 된 당신에 관해 무엇을 알아야 할까? 제3의 교사인 교실은 당신과 당신 학급에 관해 무슨 말을 해줄까? 그게 무엇이든 간에, 아이들은 그것을 보고 느끼고 경험할 것이다. 교실 문을 열고 들어가는 바로 그 순간에 말이다. 이 점을 명심하고 조용히 숙고해보기를 바란다.

5

교육과정,
끌려갈 것인가 이끌어갈 것인가?

ABOUT
BECOMING
A TEACHER

교육은 대담하고 모험적이며 창의적이고 활기차고 눈부신 것이다.

그러므로 교사로서 당신이 유념해야 할 것은 의도된 교육과정이 아니다.

교육과정을 만드는 데서 당신의 역할은

교육과정을 구상화하는 것이라고 이해하는 것이다.

다음은 '교육과정curriculum'이라는 낯익은 단어를 사용해서 만든 간단한 문장 몇 가지이다.

- 다른 3학년 선생님들과 협력해서 좀 더 새로운 국어 **교육과정**을 만들어보세요.
- 당신에게 주어진 과제는 고등학생을 위해 현대 사회문제를 다루는 **교육과정**을 만드는 거예요.
- 우리가 시민권 운동에 관한 **교육과정**을 개발해야 하나요?
- 여기 교육청에서 지시한 내년도 중학교 고급 수학 **교육과정**이 있어요.

각 문장에 등장하는 교육과정이라는 말은 교과목, 공부하는 과정 또는 구체적인 교수계획을 가리킨다. 이런 예에서 교육과정은 구체적이고 물질적인 어떤 것으로, 선형적 차원의 것, 다소 직선적인 것, 꽤나 안정되고 정적인 것임을 뜻한다. 그러나 놀랄 만큼 새로운 것은 없다. 우리의 대화가 교육과정을 향할 때마다 사람들은 대개 다음과 같은 종류의 논의를 한다고 생각할 것이다. 즉 **의도되거나 진술된 교육과정,** 학문과 교과목, 강좌와 읽을거리, 교사가 학생들에게 전달하는 (다소 창의적이며, 지시에 따라서는 다소 엄격한) 모든 교과내용 말이다.

그런데 여기에는 몇 가지 심각한 문제가 있다. 만약 교사가 의도된 교육과정에만 초점을 맞춘다면 교실은 무기력해질 것이며, 교사의 주체성과 창의성은 참고할 만한 책 한두 권이나 똑똑한 프로젝트나 주어진 틀 속에 갇힌 채 일종의 장식품 정도에 지나지 않을 것이다. 게다가 모든 사람의 비전은 다른 많은 이들을 희생하면서 학교생활의 한 측면만으로 급격히 좁아지게 된다. 의도된 교육과정은 업무지시나 정책방향을 제시하는 명시적 문건이긴 하지만, 여기에는 교사들이 매일같이 부딪히는 질문과 도전과제에 표면적으로나마 도움을 줄 만한 것이 거의 담기지 않았다. 교육과정을 좀 더 견고한 틀과 더 큰 맥락에서 이해해야만, 우리가 **교육과정**에 더 지혜롭게 개입할 수 있다.

내 친구이자 동료 교사 빌 슈베르트 Bill Schubert 는 내가 알거나 책으로 만나온 사람들과 마찬가지로 교육과정을 포괄적이고 깊게 생각하는 사람이다. 그는 자신이 교육과정의 근본 질문이라고 일컫는 것에서 교육과정 논쟁을 시작해야 한다고 주장한다. "어떤 지식, 어떤 경험이 가장 가치 있는가?" 이것이 그의 질문이다.

이 질문에 더해, 수천 개의 관련된 질문이 이어질 수 있다. 학생들은 어떻게 가치 있는 지식과 보람 있는 경험에 접근할 수 있는가? 학생이 학습목표를 달성하면 새로운 학습목표, 즉 가장 가치 있는 새로운 지식과 경험이 자연스럽게 생기는 것인가? 역동적인 학습의제는 끊임없이 성장하고 변화하며, 우선순위는 완전히 분산적이고 무엇이 소중한지에 관한 생각은 자꾸 바뀌는데, 어떻게 교사 한 명이 학생들 사이에서 나타나는 다양한 기호와 표현에 적절히 대응할 수 있겠는가? 달리 말하면, 한 학생에게 알맞은 학습의제와 가치 있는 지식이 30여 명의 다른 학생에게 가치 있는 지식과 동일한가? 그리고 각 학생에게 조금씩 다른 학습의제를 부여한다면 과연 큰 소동이 벌어질까?

　교육과정을 둘러싼 근본적인 질문은 교실 생활이 실제로 얼마나 복잡한지 적나라하게 드러내며, 모든 교사가 직면하는 엄중하고 지적인 도전과제가 무엇인지 조명해준다. 그런데 이게 전부가 아니다. 몇몇 교육가는 교육과정을 네 가지 '진부한 것'(교사, 학생, 교과, 환경) 사이의 역동적인 상호작용으로 보는 것이 실질적으로 도움이 된다고 주장한다. 즉 교육과정은 이 네 가지 중 하나가 다른 세 가지에 영향을 끼치고 또 영향을 받으면서 이루어진다는 것이다. 그러므로 수학 교과목은 교사, 학생, 환경에 대한 고려 없이 공중에 추상적으로 떠 있는 것이 아니다. 교사는 교과, 환경, 학생에 대한 고려 없이 기계적으로 움직이는 연기자가 아니다. 교사는 네 개의 눈으로 보면서 접근하고자 노력하고 광범위하게 세심한 주의를 기울여야 한다. 모든 학생 한 명 한 명과 적극적이고 활력에 찬 관계를 맺으면서 각각의 학생 모두에게 관심을 기울이는 방식으로 말이다.

　또 다른 교육가들은 교육과정을 세 가지 범주의 25개 변인으로 구성된 3차원 상호작용 매트릭스로 시각화한다. 목적(지적·감정적·신체적·사회적·문화적 목적 등), 교과(수학·과학·역사·언어 등), 실천(환경 — 누가·언제·어떻게·무엇을, 행정체제, 비용 등).

휴! 얼마나 복잡하고 지겨운 것들인가. 그렇지 않은가.

게다가 '의도된 교육과정'은 늘 존재하는 '검증된 교육과정'과 관련이 있다. 그러나 이것은 '가르쳐지는 교육과정'과는 완전히 다를 것이다. '가르쳐지는 교육과정'은 교사의 성격, 선택, 강조하는 바가 어떤지에 따라 진술된 교육과정과 여러모로 다를 수 있다. '가르쳐지는 교육과정'은 '경험된 교육과정'과도 다르다. '경험된 교육과정'이란 학생들의 선행경험과 선행지식이 진술되고 제시된 교육과정과 만나 어떻게 각 학생에게 다양하고 아주 다른 경험을 만들어내는지에 관한 것이다.

이 광범위한 파노라마를 두 팔 벌려 온전히 이해하려고 노력한다면 당신은 '체화한 교육과정', 즉 학교를 졸업하고도 오랫동안 학생에게 남아 있는 것을 뜻하는 교육과정을 또한 생각할 수 있다. 여기에 '학교 밖 교육과정' 또는 언론, 도시, 이웃, 가족, 사회적 관계, 음악, 취미, 직업 같은 것들의 영향에 관한 교육과정도 덧붙일 수 있다. '영 교육과정null curriculum• 또는 배제된 교육과정'도 있다. 이것은 많은 학교에서 가르치지 않

• 영 교육과정은 교과와 교육과정을 통해 학습되어야 할 내용을 학교에서 소홀히 가르치거나 아예 가르치지 않는 지식, 태도, 행동양식 등을 가리킨다. 학생들에게 가치 있고 유용한데도 학교에서 관습적 또는 의도적으로 가르치지 않는 교육과정이기도 하다.

는 것, 이를테면 예술 같은 것을 가리킨다. 어른에게는 거의 보이지 않는 '비밀 교육과정'도 있다. 이것은 학생들이 다른 친구들과 함께 열정적으로 참여하는 내부자용 비어, 속어, 문화, 공유된 의미 등을 가리킨다.

모든 교실에는 엄청나지만 종종 잘 인식되지 않는 '숨겨진 교육과정'도 있다. 교수학습의 전제나 가치, 신념이 항상 공개적으로 의도되거나 분명하게 진술되는 것은 아니다. 게다가 교육과정이라고 여겨지지도 않는다. 그렇지만 이런 '숨겨진 교육과정'은 학교 안팎의 삶에서 학생들에게 중심적으로 중요한 영향을 끼친다. 여기에는 예의 바름, 존중, 살인적인 경쟁, 복종, 순응 같은 내용이 포함되는데, 나는 이런 것들을 단순히 부작용이라고 일컫지는 않겠다. 왜냐하면 이런 것들은 생명력이 몹시 강해서 생애 전반의 긴 시간 동안 영향을 주기 때문이다.

이렇게 제대로 진술되지 않은 규범과 신념과 가치가 모든 학교의 문화와 구조를 떠받치고 있으며 자체의 막강한 의지로 굴러간다. 숨겨진 교육과정은 불분명하고 논평하거나 비판하기에 적합하지 않은 경우가 대부분이기 때문에, 공식적이거나 계획된 교육과정보다 훨씬 더 힘센 교사이다.

(당신의 교실이 아니기를 바라는데) 어떤 장소에서는 숨겨진 교육과정에서 비롯된 핵심 수업 때 교사의 권위에 전적으로 순응하게 하는 수동성, 비판적 사고보다는 정답에 초점을 맞춘 태도가 담겨 전달된다. 또한 무비판적이고 기계적인 배움을 수용할 것, 교과지식을 지적인 주요 성취의 반영이라고 여길 것, 교과지식은 지각 있고 구분되어 있으며 수학과 역사 같은 주요 교과는 예술 같은 교과보다 더 중요하다고 받아들일 것, 수업시간에 개인적인 감정을 표현하거나 혼자만의 판단을 내리지 말 것, 교육의 목적을 가장해 무작위적이고 별 관련 없는 사실을 수집할 것 등의 메시지가 담겨 있다.

숨겨진 교육과정은 사회적 위계와 그 위계에 따른 당신의 지위, 무관심, 감정적이고 지적인 의존성, 조건부 자존감, 승인된 권위에 우리 모두 복종해야 한다는 요구사항을 가르칠지 모른다. 여기에 더해 학교 시간표에 따르는 것이 최상의 규율이라고 가르친다. 예를 들어 화장실에 가는 등의 신체적 기능도 이 시간표에 따라야 하며, 남을 조롱하고 망신 주는 것이 정당한 사회적 상호작용의 방식이라고 가르친다. 교사는 숨겨진 교육과정을 통해 아직까지 정말 중요한 그 어떤 일도 수행된 적이 없다고, 그 어떤 것도 서로 연결되어 있지 않다고, 그 어떤 것도 가장 깊은 한계에 도달한 적이 없다고, 그 어떤 것도 제대로 마무리된 것이 없다고, 그 어떤 것도 투지와 용기를 지니고 성취된 적이 없다고 아이들에게 말했을 것이다.

어쩌면 숨겨진 교육과정은 학생들에게 공식적인 배움은 지루하다고, 학교는 본래 그런 곳이라고 전달하는지도 모른다. 모든 학생이 같은 시간에 같은 방식으로 같은 것을 배운다고 아무도 믿지 않는다. 아무것도 하지 않으려는 어린이의 머리에 쏟아부어진 별개의 정보 덩어리들이 교육으로 승화한다고 누가 진정으로 믿겠는가. 그러나 이 지루한 시스템의 커다란 바퀴는 매시간, 매일매일, 매주, 매달 쉬지 않고 지루하게 계속 돌아간다. 그 속으로 아이들과 교사의 삶이 똑같이 빨려 들어간다.

학교와 관련된 많은 것이 지루하다는 사실은 모든 이들이 안다. 나도 알고, 당신도 안다. 당신은 아마 학교에서 성공한 사람일 것이다. 지금 이 페이지를 읽고 있기 때문이다. 학교에서 성공하기 위해 정말 지루한 일을 하는 데 순응하지 않았는가? 나도 그랬다. (학교에서) 일이라는 것은 멍청하거나 아무 상관이 없고, 반복적이거나 무엇과도 연결되지 않았었다. 한마디로 지루한 일이었다. 당신이나 당신 가족, 주변의 이웃, 어쩌면 이 모든 사람들 또는 그 이상의 사람들이 아무튼 그 '지루한 일'을 하고 나면 언젠가 봉급을 받지 않느냐고, 보라고, 그게 당신의 모습이라고 당신을 납득시켰다. 당신은 그 말에 따랐고, 지루해했고, 숨겨진 교육과정이 포함된 교육과정을 섭취했다. 이제 그것이 스며들어 당신과 나의 일부가 되었다.

숨겨진 교육과정은 온갖 문제로 어수선하다. 그런데 여기 문득 떠오른 생각이 하나 있다. 나름 위세 등등한 대학에서 교육받은 루이지애나주립대학교 언론 담당 부총장은 이렇게 말했다. "저는 언론학 분야에서 박사학위를 받았습니다. 그렇지만 이 학위가 있다고 해서 제가 뉴욕관현악단의 연주를 논평하지는 못합니다." 못한다고? 왜 안 되는 거지? 그가 갖춘 지식의 범주 체계에서 우리는 일종의 권위에 수동적으로 머물러, 그 분야의 학위를 취득한 누가 뉴욕관현악단에 관해 논평하기를 기다려야 한다. 연주를 듣고 감상을 말하는 데에 왜 학위가 필요한가? 도대체 어떤 학위가 필요한가? 감상? 작곡? 연주? 모든 것이 산산조각 났다. 승리에 도취한 전문가가 인정받는 전문가 숭배 사회가 되어버렸다.

교육은 대담하고 모험적이며 창의적이고 활기차고 눈부신 것이다. 바꿔 말하면 교육은 탐험가·사색가·시민을 위한 것이다. 분명한 것은, 너무 많은 학교가 교육과는 별 상관이 없다는 사실이다. 훈련은 노예를 만들어내고, 충직한 신민을 길러내고, 유순한 노동자를 만들고, '훌륭한 군인'을 배출하기 위한 것이다. 교육은 벽을 허물지만, 훈련은 온통 철조망으로 둘러싸놓는다.

　교사로서 당신이 유념하고 초점을 맞춰야 하는 것은 의도된 교육과정이 아니다. 교육과정을 만드는 데서 당신의 역할은 교육과정을 구상화하는 것이라고 이해하는 것이다. 교육과정을 단지 공부해서 익혀야 할 단위로 여겨서는 안 된다. 또한 교실 생활의 가능한 모든 측면과 교육과정의 불협화음이 내는 이 시끄럽고 주체할 수 없는 차원과 표현을 잘 찾아낼 수 있어야 한다. 당신은 '숨겨진 교육과정'을 심사숙고해서 만들어내야 하고, '학교 밖 교육과정'을 의식적으로 밝혀주어야 한다. '영 교육과정'을 극복하고 이에 보상하는 방안도 고민해야 한다. 이 일은 결코 깔끔하고 질서 정연하게 이루어지지 않는다. 완전히 통제할 수 있는 일도 아니다. 그렇지만 당신이 집중력을 발휘한다면 모든 교실과 모든 학교에서 쉼 없이 밀려오고 밀려가는 교육과정의 파도를 타는 데 익숙해질 것이다.

　앞에서 이야기한 바와 같이, 당신이 학생에 대해 의도적이고 변함없는 신념을 품는다면, 그들 마음속 타고난 배움의 능력과 창조하는 힘 그리고 성장하고 의미를 만들어내는 역량을 믿는다면, 학생 한 명 한 명이 개인적이면서 또한 사회적인 변혁을 이룰 힘이 있다고 믿는다면, 당신은 교육과정을 다시 발견하고 다시 창조하고 다시 새기게 될 것이다. 이것은 자유로운 교과활동으로만 성취할 수 있는 일이다. 활기 없는 교과로는 절대 이룰 수 없다. 이때 교육과정은 모든 사람이 동등한 위치에서 적극적으로 참여하는 대화의 과정이다. 이것은 성찰과 실천의 꾸준한 상호작용에서 생겨나는 참여적 사건이자 참여적 표현, 참여적 지식이다. 흥미롭게도 이러한 참여적 대화의 과정은 난폭하고, 삐걱대며, 예측할 수 없고, 시끄럽다.

산업화시대 초기에 지어진 학교는 작은 공장처럼 보인다. 그리고 학교는 실제로 공장처럼 기능한다. 조립라인, 관리·감독, 품질관리, 생산성, 성과 등 생산이라는 상징적 은유는 학교교육의 담론을 장악하고 있다. 학생은 아무 말 없이 조립라인을 따라 움직이는 원료이며, 교육과정은 노동자/교사에 의해 학생들에게 덧입혀지는 가치 덩어리이다. 아주 황량하고 행복하지 않은 풍경이다. 학교는 분류하고 꼬리표(승자와 패자, 똑똑하고 멍청하고, 착하고 나쁘고 등)를 달아주는 사업의 하나라는 거의 보편적인 추정이 떠받치고 있다.

착하고 똑똑한 아이는 승자 무리로 가는 길을 따라 걸을 테고, 나쁘고 멍청한 아이는 영원한 패자로 내쳐질 것이다. 이 메시지는 많은 학교가 날마다 누구에게나 전달하는 가장 핵심적인 가르침이다. 간단히 말해 학교에는 아이 한 명이 지닌 독특한 특성을 인지하고 인정해줄 여유 따위가 전혀 없다. 게다가 학생 각자의 성장, 발달, 진전을 지원해줄 공간도 없다. 교육과정을 지시된 것, 평가될 것 이상으로 인식하거나 관심을 기울이기가 어렵다는 말이다.

학교에서 배우는 것은 상품이 되었다. 마치 장화나 망치처럼 시장에서 거래되는 물건이 된 것이다. 장화나 망치의 가치는 누가 얘기해주지 않아도 바로 알 수 있으며, 이것들이 만족스러운지 아닌지는 직관적으로 판단할 수 있다. 그러나 장화나 망치와 달리 학교에서 배우는 것의 가치와 용도는 파악하기 어렵고 간접적이다. 따라서 학생들은 구체화하지 않은 신념과 가치를 받아들이라고 요청받으며, 외적인 자극과 유인·

보상에 의존하게 된다. 확신하건대, 교육과정의 가치는 현명하고 성공한 사람들에 의해 정확하게 측정되어왔다. 전문가는 당신에게 무엇이 최선인지를 당신 자신이나 다른 누구보다도 더 잘 안다. 전문가에게 교육과정의 가치를 평가하는 일을 맡기는 데 따른 이익은 잘 보이지 않는다. 그러나 어딘가에는 분명히 있을 것이다. 어쩌면 무지개 너머에 있을까.

학생들은 지루한 하루하루가 반복되도록 이런 말을 듣는다. "이 약을 먹어. 너한테 좋은 거야." 쓰디쓴 이 약을 거부하면 교실 구석에 서 있게 된다. 다른 모든 실패자들이 모여드는 곳으로 말이다. 만약 당신이 학교를 중도 탈락한 수많은 사람들(에이브러햄 링컨, 벤저민 프랭클린, 프레더릭 더글러스, 허먼 멜빌, 마크 트웨인, 조지프 콘래드, 라나 워쇼스키, 릴리 워쇼스키, 존 D. 록펠러, 앤드루 카네기 등)이 괜찮은 삶을 살았다는 점을 지적한다면, 당신은 분명 뻔뻔한 문제아라고 불리면서 교실 구석으로 내던져질 게 분명하다.

당신이 만들어서 당장 활용할 수 있는 교육과정의 아이디어나 계획은 수만 개가 넘을 것이다. 어떤 아이디어는 당신이 성장할 수 있는 방법을 찾기 위해 연구해볼 만하다. 예를 들어 최근에 나는 '흑인의 생명도 소중하다Black Lives Matter' 운동과 연계된 한 단체°가 개발한 강좌를 우연히 알게 되어 많은 것을 배웠다. 교육과정 지침은 '우리는 다시 대량학살을 고발한다We Charge Genocide Again'라고 불린다. 이 교육과정은 2012년 한 해에만 미국 전역에서 경찰이 살해한 흑인 수가 313명(28시간마다 1명씩)을 넘었고, 흑인을 상대로 과도한 힘을 사용하는 경우가 일상적인 일이 됐다는 점을 지적하면서 시작한다. 이 단체의 목표는 재판 절차 없이 흑인을 죽인 사건에 대해 교사-학생들과 학생-교사들°°이 비판적 사고와 분석을 하게 하는 것이었다. 이 단체는 대중이 최종적으로 정해진 답을 답습하게 하지 않고, 교육과정을 언제든 상황에 맞게 바꿀 수 있는 메뉴로 활용하도록 지원했다.

교육과정에 관한 아이디어로 내가 알고 있는 것 중 지금도 진행되고 있는 최고의 자료는 밀워키에서 발간하는 『학교 다시 생각하기Rethinking Schools』라는 교사들의 저널이다. 이 저널은 사려 깊고 유용한 교육과정 지침을 갖고 있는데, 콜럼버스 다시 생

● 게토 폭풍작전Operation Ghetto Storm을 말하며, 이 단체에서는 〈초법적 흑인 살해에 관한 2012년 보고서2012 Annual Report on the Extra-judicial Killings of Black People〉를 내놓았다.
●● 배움은 교사뿐만 아니라 학생이 중심이 되어 전개할 수 있다. 비판적 사고와 분석을 위한 교육과정에서 교사는 촉진자 역할을 하는 동시에 함께 배우는 학생의 일원으로 배움에 참여한다는 의미에서 "교사-학생들과 학생-교사들"이라고 표현한 것이다.

각하기, 이중언어교육 다시 생각하기, 지구를 지키기 위한 교육 과정, 흑인의 생명을 위한 가르침, 수학 다시 생각하기, 대중문화와 미디어 다시 생각하기, 성차별·젠더·성 다시 생각하기 같은 주제들이 활용 가능하게 공유되고 있다. 이런 주제를 한번 확인해보고 당신의 교수 목록에 추가해보라.

여기서 릭 에이어스Rick Ayers의 『Studs Terkel's Working: A Teaching Guide』를 언급하지 않고 지나갈 수 없다. 나는 태만한 사람이 되고 싶지 않다. 똑똑한 내 동생이 쓴 이 책은 정말 사려 깊고 철저하게 연구한 자료이다.

여러모로 마틴 루서 킹Martin Luther King, Jr.은 교육과정을 공적 공간으로서 실천한 상징적 인물이다. 그는 사회정의의 교육과 정을 제정하고 체화했으며 아주 넓은 무대에서 실행했다. 확실히 사회 전체가 그의 교실이었다. 킹 목사는 사람들에게 가장 소중한 가치가 무엇인지, 공정하고 정의로운 것이 무엇을 뜻하는지 수천 가지의 다른 방식으로 질문했다. 그는 운동에 참여하는 자신뿐만 아니라, 다른 참가자들과 자신의 활동을 볼 수 있거나 자신의 목소리가 들리는 범위 내의 모든 사람에게 운동의 항해와 변혁을 이루라고 독려했다. 여건이 진화하고 발전해가면서 그는 성장하고 변화했다.

물론 교육과정은 가치중립적이지 않다. 절대로! 교육과정에는 늘 어떤 가치, 처지, 정치적 지형이 담겨 있다. 인본주의자로서 나는 교육과 교육과정의 가치가 인간 계몽과 인간 해방을 위한 일반 원칙을 담은 정체성에 있다고 믿는다. 이런 정체성을 움직이는 원리는 모든 인간성의 통일이다. 그리고 모든 인류에게는 자유와 정의, 교육에 관한 품위 있고 보편적인 기준에서 부여된 측량할 수 없는 가치가 있으며, 고의적이든 아니든 이 가치에 대한 어떤 침해도 용납될 수 없다.

교육, 교육과정, 자유 사이의 관계는 깊고 본질적이며 심오하다. 여러 측면에서 이 셋은 전부 똑같다. 그 자체로 인간의 발달을 충실히 표현하는 데 관심을 기울이고 있기 때문이다. 사람들은 어떤 지식과 경험이 가장 가치 있는지 자문하면서, 자기 삶을 성찰하고 세상에서 자신을 행위자로서 더 잘 인식하게 된다. 그런 만큼 스스로 역사의 주체가 되고 인간 세상의 건설자가 되어간다. 또한 저마다 자유로운 인간 존재로서 자신을 만들어가고 표현한다.

교육과정을 공적 공간으로 보려는 것은 교육의 감각을 확대해가려는 시도이다. 모든 사회 구성원이 타인의 기본 조건과 권리를 침해하지 않으면서 자신의 역량과 힘을 개발하고 사용하는 방식을 통해서 말이다. 사회 그 자체라 할 수 있는 교실은 각자의 자유로운 발전이 모두의 자유로운 발전을 위한 조건이 되는 일종의 연합체이다.

교육과정과 교육은 희망이자 곧 투쟁의 장이다. 이것이 투쟁인 이유는, 교육과 교육과정이 우리 안에서 세상을 새롭게 바라보라는 요구를, 우리가 무엇을 만들었어야 하는지 질문할 필요를, 인류를 위해 알고 경험해야 할 만한 것에 의구심을 품으라는 주장을 온통 뒤섞고 휘저어놓기 때문이다. 그럼에도 이것이 희망인 이유는, 교육과정과 교육이 미래를 향해, 절박함을 향해, 다가오는 새로움을 향해 손짓하기 때문이다.

교육과정은 우리가 어떻게 우리 삶에 관여하고 우리 삶을 키워나가고 또 바꿔나갈지 질문하는 장이 된다. 이때 교육과정은 우리가 꿈과 맞닥뜨리는 곳이고, 좋은 삶이라는 개념을 위해 투쟁하는 곳이며, 세상을 이해하고 염려하고 가능한 한 변화시키려 노력하는 곳이기도 하다. 공적 공간으로서의 교육과정은 자연스레 사회정의라는 질문을 둘러싸고 이따금 긴장이 감돌거나 감정이 폭발하면서 논쟁이 벌어지는 장이 된다.

　지난 수십 년 동안 내게 영감을 불어넣고 좋은 가르침을 준 모범적 교육과정이 있다. 역사적 시민권 운동에 바탕한 '1964 미시시피 자유학교 교육과정1964 Mississippi Freedom School Curriculum' 이 그것이다. 나는 필요할 때마다 몇 번이고 다시 이 교육과정을 찾아 들춰보곤 한다. 이 교육과정은 지금까지 당신이 보아온 것과는 아주 다르다. 벌써 책으로 나온 교육과정이기 때문에 언제든 구해서 공부할 수 있으며, 당신 상황에 맞는 교육과정을 만드는 데 좋은 아이디어를 얻을 수 있을 것이다.

　1963년에 어느 젊은 시민권 운동가가 시민권 운동에 다시 활력을 불어넣고 집중하고자, 미 남부지역을 아우르는 자유학교Freedom School 네트워크를 만들자고 제안했다. 그는 흑인이 자기 삶의 조건에 대해 '스스로 생각할' 권리가 거부되고 있다는 점을 강조했다. 흑인들이 어떻게 지금 같은 모습으로 만들어져왔는지, 이런 모습들이 어떻게 변화될 수 있는지 등의 질문을 던지고 생각할 권리가 거부된다는 것은 흑인에게 가장 큰 치욕이라고 말이다. 그럴듯한 시설, 잘 훈련된 교사, 미래지향적인 교육과정이 흑인을 위한 교육에는 없다는 점은 말할 필요조차 없었다.

그의 제안으로 공적 교육과정에 관해 질문이 쏟아졌다. "우리는 왜 자유학교운동에 참여하는가?" "우리에게 없는 것 중 우리는 무엇을 요구할 것인가?" "우리가 지키고 싶은 것은 무엇인가?" 교사들은 이런 질문에 답을 해나가면서 기본적인 문해(3Rs: 읽고 쓰고 계산하는 능력)와 함께 많은 것을 가르쳤다. 진지하게 스스로 사고하는 사람이 되는 법, 문화·역사·정치권력·경제 조건 속에서 개인의 삶을 이해하는 법, 새롭고 개선된 사회를 상상하고 이를 향해 적극적으로 일하는 법 등.

그 뒤 몇 년에 걸쳐 미국 전역에서 자유학교가 문을 열고 교육을 시작했다. 자유학교는 꼭 학교에서만 열린 것이 아니다. 지역사회 회관이나 교회, 공원, 카페 등 사람들이 함께 모여 얼굴을 맞대고 대화할 수 있는 공간이라면 어디에서나 열렸다. 가끔 대화가 격렬해지거나 통제하기 힘든 때도 있었고, 늘 시끄럽고 다양한 의견이 오갔으며, 몇 가지 공통된 특징이 있었다. 교사와 지도자들은 그들이 가르치는 학생의 학생이 되었다. 정말 특별하면서도 평범한 사람이 된 것이다. 학생들은 다른 사람의 생각을 무기력하게 수동적으로 받아들이기보다는 자기 배움에 적극적으로 참여했다. 소비자가 시민으로, 대상이 되었던 사람들이 스스로 역사를 만들어가는 주체로 변화해

갔다. 가르침과 배움은 우리가 공존하는 세상에서 되도록이면 모두가 참여하게끔 다시 만들어졌다. 자유학교 활동에는 직업 훈련이 포함되긴 했지만, 더 큰 목적은 우리 스스로 바뀌는 동시에 세상을 바꿀 수 있는 힘을 키우는 것이었다. 사람들은 이곳의 교육과정을 공적 공간으로, 누구나 접근할 수 있고 추진력 있는 산파술로 특징지어진 교육과정으로 느꼈다.

내 동생인 릭 에이어스는 교육과정의 이런 면면을 통해 내게 영감을 불러일으키는 교사이다. 그에게는 교육과정 문제와 관련해 자신만의 '간단한 공식'이 있다. ① 참여하는 지역사회 a community that's engaged, ② 연관된 교육과정 a curriculum that's engaging. 말하기는 쉽지만 실천하기는 고통스러울 만큼 어렵다.

표준화시험 시대의 학생 평가,
어떻게 다룰 것인가?

ABOUT
BECOMING
A TEACHER

현대의 시험 공화국은 아이들과 가족, 교사들의 삶을 송두리째 뒤틀어놓았다. 시험 때문에 교육은 시장에서 사고팔 수 있는 상품으로 비치고 또 그렇게 강요되고 있다. 당신은 시험이라는 광기가 당신과 학생에게 끼치는 해로운 영향력에 저항해야 한다.

당신이 좋아하든 싫어하든 당신은 연중 어느 시점에 학생들에게 표준화시험을 치르라는 요구를 받을 것이다. 어쩌면 더 자주 시험을 치러야 할지도 모른다. 이 일은 교사인 당신에게 별로 유용하지 않다. 표준화시험은 신뢰할 만한 평가가 아닐뿐더러 교육적 관점에서 볼 때 영 형편없기 때문이다. 확신하건대, 이 시험을 주재하는 것이 당신의 교직 인생에서 빛나는 순간은 아닐 것이다. 그렇다고 이것이 세상의 종말을 의미하는 것도 아니다. 시험지를 나눠주고 답안지를 걷으라. 그리고 하던 일을 계속하라.

　학생들에게 시험을 치르게 한다고 해서 당신이 곧 시험을 좋아하는 것처럼 굴 필요는 없다. 표준화시험이 가치 있다거나 당신 또는 학생들을 위해 치를 만하다고 생각하지 않아도 된다. 당신의 역할은 시험을 관장하는 데서 그친다. 이것이 표준화시험에 관한 이야기의 끝이다.

당신이 선택한다면 이 시험에 관한 진실을 학부모에게, 동료에게, 나아가 학생들에게까지 말해줄 수도 있다. 여기 진짜 이야기를 하나 시작해볼까 한다. "안녕, 여러분. 우리는 오늘 정말 많은 시간을 들여 공부할 겁니다. 다음 몇 주 동안 표준화시험을 준비해야만 하거든요. 그런데 진실은 이래요. 교육청에서 이 시험을 치르라고 요구하지만, 내가 이 시험을 여러분에게 치르게 하고 또 여러분은 시험을 치러야 하지만, 시험 공화국은 총체적으로 거대한 사기입니다."

좋다. 아마 당신은 이 정도까지는 하고 싶지 않을 것이다(어쩌면 다른 사람들보다 좀 더 용감한 몇몇은 이렇게 할지도 모르겠다). 그러나 그게 중요하지는 않다. 적어도 교사인 당신은 표준화시험의 진실을 알아야만 한다. 그 진실이란 이 시험으로 거대 기업들이 이익을 얻는다는 사실이다. 이것이 우리가 시험 공화국에 갇혀 있는 가장 큰 이유이기도 하다. 그러나 이런 시험은 실제 가르침이나 진짜 배움과는 별 상관이 없다. 이 시험은 교사들의 가르침에 아무런 도움을 주지 않으며, 학부모가 자기 아이들이 어떻게 공부하는지 아는 데 도움을 주지 않는다. 또한 학생들의 배움에도 아무런 도움이 되지 않는다. 그 시험이 의도한다고 진술한 목표(학생의 지식 정도, 재능, 노력, 적성을 밝히는 것) 조차 이루지 못한다. 시험에 집착하는 것은 게으른 짓이며 시작부터 끝까지 비뚤어진 판단이다.

시험은 권력자의 손에 들려 있던 흔한 곤봉으로, 일종의 근대적이고 과학화한 우생학 장치였다. 그런데 이 시험에 강력하게 반대하는 사람들은 시험의 속박에서 벗어나기도 했다. 이 길을 선택한 학부모들은 자녀가 시험을 치르지 않도록, 시험 시간 동안 집에 있거나 강당에 앉아 있게 했다. 많은 가족과 지역사회는 이 시험이 비싸고 혼란스러우며 진정한 배움의 혜택을 주지 못한다고, 그래서 많은 사람들이 표준화시험을 향한 집착을 정당화하고 표준화시험의 상대적 가치를 분석할 때 더 세련되고 복잡한 기교에 치우치게 되었다고 결론 내렸다.

표준화시험에 반대하는 가장 명쾌한 의견은 다음과 같은 것이다. 엄청난 결과, 즉 고부담과 결합한 특정 표준화 측정평가에 부여된 무게는 불가피하게 시스템을 게임장으로 만든다. 시험에서 부정행위를 하거나 시험 결과를 속이는 방식으로 말이다. 결국 시험 경쟁은 '사업 모델'에 기초하게 되는데, 이런 사업 모델의 접근법에는 결과야 어떻든 이익을 최대화하는 것, 세금을 요리조리 피하는 것, 달아날 구멍을 찾는 것, 문제점을 감추는 것, 승자를 띄우는 것 등이 포함된다. 이것은 왜 학생들의 표준화시험에 부정행위가 전국적으로 그렇게 성행하는지, 왜 당국은 밑바닥에서 일어나는 일을 해결하겠다고 법 집행관을 고용해 엉뚱한 데서 벌집 쑤시듯 시끄럽게 굴고 시험은 무슨 수를 써서라도 지키려고 하는지 부분적으로 설명해준다. 매주, 미국 어딘가에서는 또 다른 부정행위가 벌어지고 있다. 이런 문제가 발생하는 근본 이유는 보안 때문이 아니다. 잘못된 것을 수행하는 대가로 교육자가 많은 인센티브를 받기 때문이다.

이런 사기행각은 영국 경제학자 찰스 굿하트Charles Goodhart의 이름을 딴 '굿하트의 법칙Goodhart's Law'이나 비슷하면서도 다른 '하이젠베르크의 상여금 법칙Heisenberg Principle of Incentive Design'으로 설명할 수 있다. 이 용어는 광자물리학의 핵심인 불확정성의 원리에서 유래하는데, "성능척도는 그것이 성능척도로 사용되지 않을 경우에만 성능척도로서 유용하다. 또는 측정이 대상이 되면 그 측정은 더 이상 좋은 측정이 아니다"라는 것이다.

예를 들어 당신이 '좋은 고등학교'를 세우고 싶다고 치자. 이 때 당신은 사람들이 선호할 만한 '좋은 고등학교'를 세웠는지 아닌지를 판단할 지표로 졸업생 100퍼센트 대학 진학이라는 목표를 선언한다. 사람들은 주어진 목표, 즉 지독하고 한결같 은 이 목표를 향해 미친 듯이 달려갈 것이다. 어쩌면 이 목표가 달성될지도 모른다. 그러나 이 과정에서 더 큰 목표가 손상을 입게 되는데, 학교가 끔찍한 지경에 이를 수 있다. 졸업생 전원 을 대학에 진학시킨다는 것(성능척도)은 학교의 모든 노력을 단 하나의 방향으로만 기울였기 때문이다. 그러나 활기 없는 교 육과정, 독재적이고 기계적인 수업, 지나치게 높은 퇴학률, '대 학'으로 쳐주는 진학 희망 학교 명단, 대학에서의 천문학적인 실패 등이 학교교육의 일상인데도 교사와 학교 관리자는 이에 대해 책임이 없다고 발뺌한다.

좋지 않다. 과녁이 목표가 되어버렸고, 이를 넘어선 더 큰 우 주는 비참하게 남겨졌다. 아니, 더 비참해졌다. 당신은 시험이 라는 광기가 당신과 학생에게 미치는 해로운 영향력에 저항해 야 한다. 그리고 이를 바로잡는 데 도움을 줄 만한 전략과 전술 을 재정비하기 위해 열심히 노력해야 한다. 아이들에게 진실을 말하는 것은 단지 첫걸음일 뿐이다.

현대의 시험 공화국은 아이들, 가족, 교사들의 삶을 송두리째 뒤틀어놓았다. 시험 때문에 교육의 은유, 언어, 실재가 시장에서 사고팔 수 있는 상품으로 비치고 또 그렇게 강요되고 있다. 이는 교육을 보편적 인권이자 지적 자유, 도덕적 성찰, 용기, 윤리적 행동으로 여기던 것과 정반대 입장에 있다.

시험에 열광하는 세태는 '책무성 문화', 자료에 대한 끝없는 요구, '부가가치 평가', 학업 성취 결과의 숫자화, 교사가 채워넣고 정리할 수 있는 통일된 학생종합생활기록부 등을 하위체제로 만들어낸다. 책무성 문화는 지적 탐구와 가르침의 본질을 소비, 열띤 경쟁, 위계, 사적 재산의 문제로 바꿔버렸다. 그 결과 공공성이 퇴락하고 공익이 파괴되고 있다.

대학교수들이 여기저기에서 이러한 요구에 대항해 싸우는 듯하지만, 이런 작은 전투를 치르면서 교육의 더 깊은 의미와 더 너른 맥락을 놓치고 있다. 교육의 목에 걸린 죽음의 고삐를 더욱 세게 잡아당기고, 자유인을 위한 핵심 원리인 비판적 사고, 자유로운 탐색, 민주적 공동체, 공공선의 증진에 심각한 공격을 가하고 있다. 이런 세태에서 학생과 교사에 대한 책무성 요구가 점점 커지고 있다. 재단, 대기업, 헤지펀드, 은행가, 정부 관료들에게는 아무런 책무성을 요구하지 않으면서 말이다. 지적 독립성은 운명적인 퇴조를 맞고 있으며, 민주적인 삶을 파괴하려고 집착한 결과 파멸이 따른다.

학교가 사실만을 흡수하는 데 적합한 공장이 되고 또 그렇게 적응할 때, 배움은 배타적이고 철저하게 이기적인 성격에 머무르고 배움을 위한 사회적 동기는 사라질 것이다. 성공의 기준이 경쟁적이면 사람들은 서로 등을 돌리게 된다. 그리고 학생들 사이의 모든 차이는 곧 성적에 의한 차이로 읽히게 된다. 결국 누구에게는 만족일 수 있지만 다른 누군가에게는 상처가 된다. 다른 사람보다 앞서는 것이 교육의 핵심 목표가 되고, 인간관계에서 자연적이라고 할 만한 상호 도움은 엄격히 제한되거나 금지된다. '학급 경영'을 둘러싸고 불거지는 많은 문제는 사실 교실과 학교에서 벌어지는 답답한 경쟁 구조가 빚어낸 직접적인 결과이다.

시험 기계는 오직 한정된 지식만 검사한다는 사실을 반드시 기억해야 한다. 이때 분명하게 검사될 수 있는 것은 가장 필요하다고 여겨지는 것으로, 영예로운 지식으로서 인정받는다. 다시 한 번 꼬리가 개의 몸통을 흔드는 꼴이 된다. 아인슈타인의 유명한 말을 인용해보자면, 측정할 수 있는 모든 것이 다 중

요한 것은 아니며, 중요한 모든 것을 다 측정할 수도 없다. 예
컨대 사랑, 환희, 정의, 연대, 아름다움, 친절, 연민, 헌신, 평화,
노력, 관심, 약속, 인식, 유대감, 행복, 유머 감각, 타당성, 정직,
자신감, 타인 존중 등 얼마든지 더 열거할 수 있는 것들을 생각
해보라.

　20년 전 수학능력평가Scholastic Aptitude Test, SAT를 관장하는 미
국대학위원회USA the College Board는 SAT가 '수학능력'과 별 상관
이 없다고 인정했다. 그래서 '수학능력평가'에서 '능력aptitude'이
라는 단어를 빼고 학생**성취도**평가Scholastic **Achievement** Test, SAT로
이름을 바꾸었다. 그러나 이 또한 제대로 된 표현은 아니었다.
왜냐하면 이 시험이 학생이 성취한 바를 제대로 평가하는 게
아니었기 때문이다. 그래서 이름을 한 번 더 바꾸어 지금은 간
단히 'SAT'라고만 한다. 'SAT'라는 단어 조합은 글자 그대로
SAT 이상의 무엇을 뜻하지 않는다. 이제 그 시험은 그 자체,
즉 SAT에 필요한 능력만을 평가한다. 이 얼마나 이해하기 어
려운 상황인가.

　그러나 시험 공화국은 저항하기 어려운 대상이다. 상식이라
는 비일관된 신조를 바탕으로 시험을 치르게 하기 때문이다.
즉 사회적으로 널리 퍼지고 공유되는 이해에 따르면 사람들은

시험이 꽤 쓸모 있는 것이라고 믿는데, 이 믿음은 사회적 규범에 의해 수용되고 유지된다. 그렇게 되면 어느 누구도 이 믿음을 망상이라고 생각하지 않기 때문에, 시험tests and testing을 활용하는 것은 '분별 있는' 일이고 이에 대해 왈가왈부해서는 안 된다고 여긴다. 그러나 기억해두라. 고대 로마의 훌륭한 시민은 자기 아들을 사형할 수 있는 권한이 있었다. 수백 년 동안 대부분의 미국인은 다른 사람을 소유하는 것이 하나의 권리라고 받아들였다. 오늘날 일상적인 미국인들은 표준화시험이 아이들과 교사 그리고 가르침에 대해 뭔가 가치 있는 정보를 전해준다고 믿는다. 벌거벗은 임금 이야기는 다 알고 있을 것이다. 눈에 뻔히 보이는 진실을 지적해줄 순진무구한 어린이가 우리에게도 절실히 필요하다.

스타인웨이 피아노Steinway Piano를 만드는 사람들은 자신들의 전설적인 '베이비 그랜드 피아노'에 1만 2,000개가 넘는 부품이 들어간다고 자랑스럽게 말하곤 한다. 다른 피아노와 똑같은 피아노는 단 한 대도 없으며, 종류는 같아도 단 하나의 유일한 피아노라고 설명한다. 한 나무의 재질은 다른 나무의 재질과 같지 않다. 나무의 수령, 습도, 성장 조건, 일조량, 온도에 따라 목재의 질이 미세하게 달라진다. 더욱이 스타인웨이 피아노는 애정이 담긴 노동의 결실이며 창의적인 작품이다. 물론 실용적인 예술품이기도 하다. 여기에는 조립라인도 없고 일을 효율적으로 진행하는 로봇도 없다. 각각의 베이비 그랜드 피아노는 이 세상에 단 하나뿐이고, 1만 2,000개가 넘는 놀랄 만한 부속품으로 이루어졌으며, 애정을 듬뿍 담아 제작한 것이다. 예상 구매자는 피아노 전시장을 방문해 견본 피아노에 앉아서 건반 위에 손을 얹는다. 어떤 피아노를 구매할지 결정하기 전에 이 피아노 저 피아노에서 같은 행동을 한다. 피아노를 구매한 사람들은 자신이 소유하게 된 오직 하나뿐인 아기에게 진심 어린 애정을 표현한다.

여기서 3학년 아이들의 두뇌에 있는 뉴런(신경세포)의 수는 1만 2,000개가 훨씬 넘는다는 사실에 주목할 필요가 있다. 실제로 그 또래 아이들의 두뇌에 있는 신경세포의 수는 1,000억 개가 넘는다. 우리 교사들은 그 어떤 아이도 다른 아이와 절대 똑같지 않다는 점을 아주 잘 안다. 모든 아이는 단 한 명의 고유한 존재이다. 같은 인간이지만 결코 같지 않은 존재이다. 아이를 가르치고 양육하는 것은 애정이 담긴 노동이며, 실용예술이라면 창의적인 노동이다. 여기에는 조립라인도 없고 일을 효율적으로 진행하는 로봇도 없다. 모든 아이들은 이 세상에

단 하나뿐이며, 1,000억 개가 넘는 놀랄 만한 뇌세포를 가졌다. 교사가 되겠다고 훈련받는 예비 교사들은 경외심을 품고 이 점을 기억해야 한다. 자기 앞에 있는 인간 존재를 위한 진실된 애정과 자신의 일부가 될 막강한 직업을 위해서 말이다.

희한하게도 사람들은 스타인웨이 피아노는 각각 고유하고 독특하다고 인정하면서(스타인웨이가 이 표현을 지나치리 만큼 홍보하고 있다), 학교와 학생들에 대해서는 고유성을 인정하지 않는 듯하다. 학교와 관련된 정책을 마구 휘젓고 있는 교육계의 거물들은 학생을 고유하고 독특한 존재로 여기지 않는다. 실제로 이들은 표준화시험으로 판별해낼 수 있는 획일성이 학생들에게 있다고 생각한다. 이 사람들은 오로지 '3학년 학생'이나 '3학년 수준'에 관해서만 이야기하는 경향이 있다. 마치 3학년 학생이라는 똑같거나 비슷한 무엇이 있는 것처럼 말이다. 또는 3학년이라는 플라톤식의 이데아가 올림포스산 위의 구름보다 높은 곳에 실재하는 것처럼 말이다.

배움은 측정 가능한 꼬투리에서 일어나지 않는다. 이것이 사실이다. 그래서 시험을 자꾸 본다고 해서 학습이 얼마나 성취됐는지 알아내는 데 도움이 되지는 않는다. 시험을 전제한 이런 사고체계는 교수-학습에 관한 대화, 탐색, 개별화한 접근을 저해한다. 교실은 비인간적으로 변하고, 학생들은 지적 근육을 유연하게 만들 기회를 빼앗긴다. 학생들의 사회적·문화적·독창적인 근육은 고사하고 말이다.

시험을 주재하는 사람들은 사람들이 시험 자체에 승복하기를 원한다. 이 사람들은 무엇이 가치 있는 교육을 구성하는지, 배운 사람들은 어떤 모습이어야 하는지에 대해 우리가 집단적으로 고려할 점이 무엇인지, 각 학생의 완전한 발전이 모두의 완전한 발전을 위한 조건이 된다고 주장하려면(그리고 이와 반대로 모두의 완전한 발전이 각 학생의 완전한 발전을 위한 조건이 된다고 주장하려면) 어떤 사회·경제적 시스템이 필요한지 등의 복잡한 문제를 탐색하지 않는다. 실제로, 이들은 잘 배운 사람이 시험을 잘 친다고 전달한다. 그래서 시험을 통해 누가 잘 배운 사람인지, 가장 잘하는 사람부터 가장 못하는 사람까지 아주 깔끔하게 줄 세울 수 있다고 여긴다. 시험 기계는 단지 특정하고 상대적으로 좁은 영역의 것만 측정할 수 있기 때문에 평가 가능한 제한적 지식이 교육적 가치가 있는 지식으로 추앙받는다. 모든 것이 거꾸로 되어 있고, 모든 사람이 마치 매드 해터^{Mad Hatter}가 정상인 듯 행동하는 『이상한 나라의 앨리스^{Alice in Wonderland}』를 읽는 느낌이다.

당신은 아마 '데이터 기반 개혁data-driven reform'이라는 말을 들어봤을 텐데, 이 말도 사기다. 시험 결과를 처벌과 연계한 것에 지나지 않는다. 시험 공화국은 계속되는 인간 재앙이다. 우리에게 필요한 것은 '학생 중심' '교사 중심' '지역사회 참여' '**학습 지원**data-informed'에 기반한 교육 시스템이다. 이러한 목표에 도달하기 위해 시스템 모습 그대로 말하고, 진정한 대안을 만들며, 모든 아이에게 적합한 사회를 위해 싸움에 나설 수 있는 학생, 교사, 가족, 지역사회 구성원이 필요하다. 이 싸움을 통해 우리가 마땅히 누려야 할 평화와 공동체, 민주주의와 균형, 즐거움과 정의의 공간을 만들어야 한다.

이 정도면 충분하다!

진실을 말하라. 직설적으로, 간단하게, 있는 그대로. 그리고 가끔은 어렵게. 그것이 1단계이다.

2단계에서는 학생평가가 대량으로 치르는 단 한 번의 시험보다 훨씬 더 큰 세계라는 점을 유념해야 한다. 표준화시험은 평가라는 전체 우주에서 단지 한쪽 구석만 차지할 뿐이다. 그런데도 표준화시험은 마치 우주의 블랙홀처럼 기능한다. 모든 것을 역장(力場)으로 빨아들여 파괴해버리는 블랙홀. 당신이 효과적으로 가르친다고 할 때, 진정한 학생평가는 교사인 당신 손에 달려 있어야 한다는 점은 아주 중요하다. 따라서 학생에게 가까이 다가가고 학생 한 명 한 명을 위해 당신을 더 나은 교사로 만들어주는 가르침의 일환으로서의 진정한 평가에 초점을 맞추어야 한다.

당신이 계획하고 사용하려는 가치와 목표와 표준이 무엇인지 교실에서 분명히 해야 한다. 교육과정과 수업에서도 마찬가지이다. 그렇다, 표준standard. 이 말은 당신이 얻고자 애쓰는 원칙과 탁월함의 모범을 뜻한다. 표준은 어떤 외적인 권위에 따라 결정된 기준에 강제로 일치시키는 것을 뜻하는 표준화standardization와는 완전히 다르다. 당신은 문해력, 이를테면 복잡한 수준의 사고력과 글쓰기 능력을 위한 높은 수준의 기준을 제시할 수 있다. 물론 이런 기준을 제시한다고 해서 모든 학생이 같은 날 같은 방법으로 같은 내용을 배워야 한다고 믿어서는 안 된다. 마찬가지로 모든 학생이 똑같이 행동하기를 기대하지 않으면서도 수준 높은 집단행동 기준을 제시할 수 있다.

야구 경기를 관람하는 사람들은 포지션과 상황에 따라 실력이 좋은 선수들의 이미지와 기준을 이미 갖고 있다. 예를 들어 유격수라면 하비에르 바에즈, 배리 라킨, 오지 스미스, 칼 립킨 주니어, 크리스 데이비스, 어니 뱅크스 같은 몇몇 훌륭한 선수들이 바로 떠오를 것이다. 이 선수들의 빛나는 경기를 한번 찾아보라. 흥분될 만큼 놀라울 것이다. 한 가지 더 주목해야 할 점은, 이 선수들 중 누구도 경기장에서 다른 선수들처럼 위치를 잡고 있지 않다는 것이다. 모두 훌륭하지만 하나같이 다 다르다. 표준화가 아니라 기준에서 말이다.

교사가 하는 일상적인 업무 중에서 가장 핵심적인 부분은 평가와 사정이다. 학생 개개인의 읽기 능력, 수학 수준, 역사 이해가 어느 정도인지 알아야 필요한 지원이나 다음 단계의 도전을 결정할 수 있기 때문이다. 아이들은 항상 변화하면서 쉴 새 없이 움직인다. 예컨대 제이비에게는 단어 발음phonics에 별도의 도움이 필요하다고 결론을 내릴 때쯤이면 제이비는 벌써 그 상황을 해결하고 다른 문제로 넘어가 있다. 제이비가 당면한 문제는 이제 단어 철자가 된다. 따라서 당신도 계속 움직여 변해야 한다.

진정한 평가는 학생의 공부와 노력을 가까이에서 꾸준히 관찰하는 것을 뜻한다. 이를 통해 당신은 더 낫고, 더 적합하고,

더 섬세한 교사가 될 수 있다. 만약 학생들이 수업시간을 활용해서 다양한 범주의 3Ps^Three P's, 즉 프로젝트·퍼포먼스·포트폴리오를 진행한다면 교사는 이 시간에 아이들 또는 10대 청소년들이 진짜 무슨 생각을 하는지 좀 더 많은 정보에 접근할 수 있다. 또한 행동하는 아이들의 마음을 관찰하는 더 분명한 기회를 얻을 수 있다.

성공한 교사는 매일, 매주 학생들이 공부한 것을 체계적으로 수집한다. 이때 수집하는 학생들의 공부 결과에는 작문, 시각 발표자료 등이 포함된다. 이런 자료들을 통해 학생에게 어떤 관심사가 있는지, 어떤 어려움이 있는지 확인할 수 있다. 이런 교사들은 또한 관찰 노트를 작성하는데, 날마다 두세 명의 아이들을 관찰한 내용을 담는다. 며칠 동안 관찰한 내용을 토대로 한두 명의 아이에게 관심을 두지 않았다는 것을 깨달으면, 관찰에서 빠진 아이들에게 정성을 기울여 관찰 노트를 작성한다.

어떤 교사는 주말마다 학생 파일을 들춰보며 다가오는 한 주의 학습을 예상해본다. 그러면서 학생 각자의 발달 정도와 학습 진도, 문제점, 장애 요인, 우선순위를 확인하기도 한다. 또 어떤 교사는 학생과 성찰적 대화를 하기 위해 학생 파일을 해당 학생과 함께 만든다. 이런 대화를 통해 교사는 학부모 면담 때 진지하고 근거에 기반한 대화를 나눌 수 있다.

　나는 당신이 모든 학급과 모든 연령대의 아이들을 위한 포트폴리오를 만드는 일에 적극 찬성한다. 여기 간단하게 시작할 수 있는 방법이 있다. 우선 개학 첫날이나 새 학년이 시작하는 첫날, 학생 개인 또는 학생 그룹과 면담을 시작하라. 이때 학생들이 해당 학급(또는 해당 학년도)이 어떠하기를 바라는지에 초점을 맞춰야 한다. 너는 4학년이 어떨 거라고 생각해? 올해 네가 가장 하고 싶은 일은 뭐야? 지난 학년도에 너는 뭐가 즐거웠고 뭐가 가장 마음 아팠니? 아이들에게 이런 질문을 하는 것이 당신을 위한 평가evaluation and assessment의 출발점이 된다. 그리고 학생들은 이런 질문들을 통해 앞으로 일어날 일을 예상하게 된다. 이렇게 다양한 시도를 해도 학급을 위해 당신이 세운 목표와 이 목표를 달성하게 하는 당신 능력에 아무런 지장을 초래하지 않는다.

　이 포트폴리오는 학생들과 함께 만들 수 있다. 먼저 학생들에게 이렇게 전달하라. 모든 학생은 자기만의 독특한 포트폴리오를 만들게 될 텐데, 여기에는 1년 동안 또는 한 학기 동안 학급에서 일어나는 다양한 경험이 담긴다. 학년말이나 학기말이 되면 포트폴리오를 발표하는 시간을 마련한다. 포트폴리오는 당신이 원하는 만큼 아주 정교하고 세밀하거나 아주 간단할 수도 있다. 그러나 포트폴리오를 채우기 위해 수집된 자료들은 한 해 동안 또는 한 학기 동안의 노력을 요약한 것으로, 학생의 성취를 빛나게 하고 (자기 공부가) 성공적임을 느끼게 해야 한다. 동시에 그 자료들은 당신이 학급을 위해 세웠던 목표와 우선순위를 잘 나타내야 한다.

4학년을 예로 들었으니 계속 4학년 이야기로 이어가보자. 만약 학생이 자기가 만들어갈 포트폴리오에 여러 내용이 담길 것을 일찍부터 알았다고 상상해보자. 여기에는 미술작품, 공공 예술작품에 관한 짧은 비평문, 가을에 시작해서 이듬해 봄에 마치게 되는 체육활동 기록, 자신이 스스로 선정한 '최고'의 글, 자기 주제로 수행한 연구보고서, 공동체에서 중요하거나 흥미로운 몇몇 측면을 작성한 지도, 여름방학 동안 읽겠다고 한 책과 함께 그해에 자신이 가장 좋아했던 다섯 권의 책 목록, 학급 내에서 실천한 선행에 관한 내용 등등이 포함된다.

어떤 교사는 이 방대한 수집 목록에 보일 듯 말 듯한 틈을 내서 성적과 평가 결과를 넣기도 한다. 평가와의 연계가 지배적이어서는 안 되지만, 목록에 담을 만한 내용이라고 생각한다. (포트폴리오를) 구성하는 각 항목을 설명하는 글을 나눠주고, 큰 종이에 제목을 적어서 포스터로 만들어도 좋다. 여기에는 당신이 포트폴리오에 담기기를 바라고 기대하는 항목들을 잘 묘사하는 글을 써넣을 수 있다.

포트폴리오를 사용하는 교사들은 학기말에 학생들이 각자 모든 학생 앞에서 발표하게 한다. 이 자리에서 작품을 보고, 이야기하고, 평가한다. 학생들이 자기 작품을 발표할 때 어떤 교사들은 예컨대 학생 두 명, 학부모나 보호자 한 명, 주변 이웃 한 명, 담임교사 이외의 교사 한 명으로 위원회를 구성해서 포트폴리오를 검토하고 평가하게 한다. 어떤 경우건 이런 포트폴리오 형식을 사용함으로써 학급 경험은 더 풍성해지고 더 완전해지며 더 깊고 더 진실해진다.

7

교실 질서,
어떻게 민주적으로 유지할 수 있을까?

ABOUT
BECOMING
A TEACHER

학생은 당신의 적이 아니다.

또한 학생은 당신이 적개심을 품을 대상이 아니다.

당신이 해야 할 일은 팀을 만들고,

그 팀의 모든 구성원이 올바른 방향으로 나아가게끔 조정하는 것이다.

혹시 교실 훈육 문제에 관심 있는가?

당신 혼자서 교실의 그 많은 학생을 어떻게 통제할지 걱정되는가?

혼자 고요히 있는 시간에, 당신이 교장실로 도망간 사이 벽을 두드려대는 무서운 아이들이 떠올라 괴로워한 적이 있는가?

그렇다면, 환영한다. 미국 어디에서나 거의 모든 새내기 교사들이 겪고 있을 따름인 고민의 세계로 온 것을.

만약 이런 고민이 없다면, 왜 없겠는가. 교실에는 교사보다 아이들이 더 많다는 사실을 알아야 한다. 만약 아이들이 애초에 교실 공화국을 전복하겠다고 작당했다면, 당신은 교단에서 채 몇 초도 견디지 못하고 나뒹굴었을 것이다. 이런 종류의 아주 잘 알려지고 자주 반복되는 공포스러운 이야기를 들어본 적이 있지 않은가.

자, 내게는 일종의 희소식과 함께 나쁜 소식이 있다. 먼저 나쁜 소식부터. 생산적이고 긍정적인 교실 분위기, 품격, 느낌을 만들어내려면 오랜 시간이 걸린다. 규모가 더 큰 학교의 경우에는 당신이 만들고 싶어 하는 환경에 반해 딱딱하게 굴러가는 일종의 프로토콜이라는 것이 있다. 이 프로토콜에 따라 돌봐야 할 것, 맞닥뜨리고 극복해야 할 도전도 많다. 학생들은 수업을 시작하는 첫날 (또는 몇 주 동안) 당신이 원하는 상태에 도달하지 않는다. 그건 당신도 마찬가지이다.

인내심을 가져라. 당신 자신에게 그리고 학생들에게. 올바른 분위기를 만들기 위한 방향으로 조심스럽게 움직이라. 한 발 한 발 조심스럽게. 시작하는 순간에 중요한 것은 실수를 피하는 것이다. 한시바삐 극적인 변화를 만들어내야 한다는 욕망 때문에 실수가 따른다. 몇 달 동안 당신이 만들고자 하는 상황을 생각해보고 그 방향을 향해 목적에 따라 움직이라. 조금씩 조금씩, 한 걸음 한 걸음씩.

이번에는 희소식. 교실에서 아주 큰 반대세력과 전투를 벌이는 사람은 당신 말고도 많다. 학생은 당신의 적이 아니다. 학생은 당신이 적개심을 품을 대상이 아니다. 당신이 교실에 들어서는 순간부터 이 점을 분명하게 알아야 한다. 실제로 당신 교실에는 25명 또는 그 이상의 잠재적 동지들, 즉 동료 교사, 공동 교수자, 공동 학습자가 있다. 이들은 교실에서 편안함, 즐거움, 생산성, 공정함을 위한 공간을 만들어내는 데 일종의 이해관계로 얽혀 있다. 당신이 해야 할 일은 팀을 만들고, 그 팀의 모든 구성원이 올바른 방향으로 나아가게끔 조정하는 것이다.

그렇게 하려면 먼저 당신이 교실에서 통상적으로 사용하는 언어 중에서 다음 세 단어를 없애야 한다. 훈육, 관리 그리고 통제. **훈육**은 근본적으로 '사람이나 동물을 규칙에 따르게 하고 불응에 따른 태도를 교정하고자 처벌을 사용해 훈련'시키는 활동이다. 이 단어는 아무 생각 없이 충직하게 공연하도록 조련된 서커스단 동물들에게나 해당하는 말처럼 들린다. 좀 더 나쁘게 말하자면, 범죄와 처벌의 세계에 가까워 위험하게 느껴진다. **관리**는 '물건이나 사람을 통제하는 과정'이다. 교실 관리라는 표현은 아이들의 성장과 배움에 헌신하는 장소가 아니라 경영대학에나 어울릴 법한 말처럼 들린다. **통제**는 '다른

사람의 행동에 직접 영향을 주는 힘'을 가리키는 말이다. 이 각
각의 용어는 맨 꼭대기에 독점적 권력이 모여 있는 위계적 질
서를 가정한다. 나는 이런 가정과는 달리 권력을 독점화하지
않고 공유하거나 분산한 상황을 생각해보고 싶다. 통제가 외
부의 강압에 따른 것이 아니라 내부에서 자체적으로 규제되는
것을 뜻하는 상황을 말이다.

　기능하는 학습자 공동체를 만들려면 다른 누구도 아닌 학생
에게서 시작해야 한다. "학생의 요구와 관심은 무엇인가?" "학
생의 요구와 관심에 어떻게 대응해야 하는가?" "모든 학생이
좀 더 편안하고, 안전하고, 생동감 넘친다고 느끼게 하는 것은
무엇인가?" 당신은 정책이나 전통보다는 이런 질문에 초점을
맞춰야 한다.

　내가 아는 어느 교사는 학년 초에 학급 아이들과 신체적 안
전뿐만 아니라 감정적 안전까지 포함해 얼마나 안전하게 느
끼는지 대화하는 시간을 마련한다. 그 교사는 학생들에게 일
회용 카메라를 주고 안전하다고 느끼는 장소의 사진을 찍어오
게 한다. 학생들은 카메라에 침실, 부엌, 특정 공원, 엄마의 무
릎 같은 사진들을 담아서 가져온다. 이 사진들은 놀라운 콜라
주가 되어 교실 벽을 가득 채운다. 이런 방법은 안전의 의미와

관련해 이 교사가 애초에 생각했던 것보다 훨씬 더 깊고 넓은
대화를 가능하게 했다.

　『감시와 처벌Discipline and Punish』에서 푸코Michel Foucault는 17세
기에 감염병과 싸우기 위해 만들어진 평가도구를 분석한다.
당시 감염병은 새로운 위협 요인으로, 치명적이고 보이지 않
으며 지독히 빠르게 전염되었다. 이 때문에 새로운 감시권력
이 도입되었다. 권력자는 흑사병이 발생한 마을이나 구역을
통째로 격리조치 했을 뿐만 아니라, 특정 집단을 철저히 조사
해 엄격하게 분리했다. 사람들을 자기 집에 감금하고, 거리와
교차로에 감시인을 세워두었으며, 검역을 위해 격리조치 된
개인의 위치와 건강 상태, 현재 상황 등을 주기적으로 점검하
고 기록하게 했다. 푸코가 보기에 감염병과 강제 격리조치 모
델은 권력의 새로운 형태를 만드는 계기가 되었다. 푸코는 이
를 '훈육'이라고 표현했다.
　푸코에게 "훈육의 기제는 폐쇄되고 구분된 공간에서 모든
사항을 관찰, 감시한다. 이 기제에서 개인은 획정된 장소에 구

겨 넣어지는데, 아주 사소한 움직임마저 감시의 대상이 되며, 모든 사건은 기록되고, 중앙과 주변 사이는 끊김 없이 연결되어 있다." 많은 학교를 떠올리게 할 만큼 으스스한 느낌이 들지 않는가.

이런 감시권력을 가장 잘 보여주는 건축학적 표현은 벤담Jeremy Bentham의 판옵티콘Panopticon이다. 판옵티콘은 감옥 모형으로, 소리가 울려 퍼지고 속도가 빨라져야 한다는 간단한 개념에 기초해 만들어졌다. 즉 감방으로 이루어진 원형 건물에 둘러싸인 탑이 판옵티콘이다. 감시원은 중앙탑에 서 있다. 그는 감방에 있는 모든 죄수를 볼 수 있다. 그러나 죄수들은 그를 볼 수 없고 다른 죄수도 볼 수 없다. 죄수들은 언제 어떻게 자기가 감시·관찰당하는지 알 수가 없다. 그렇지만 언제라도 자기가 관찰될 수 있고 공격당하기 쉽다는 사실은 잘 안다. "따라서 수감자에게 권력이 자동으로 작동한다는 것을 확신시키며 의식적이고 영원한 가시성의 상태를 유발하는 것, 이것이 판옵티콘의 주요 효과이다." 다시 말해 판옵티콘의 이런 모든 측면은 현대에 권력의 표준으로 아주 잘 인식되며, 현대 학교에서도 점점 익숙해지고 있다.

푸코에 따르면 감시권력은 "특정한 훈육 기제"를 통해 "탈

기관화하려 하고, 한때 기능했던 폐쇄된 성벽에서 벗어나려고 한다. 그리고 (이 감시권력은) '자유'국가에서 순환하려는 특정 경향성을 띤다." 달리 말하면, 감염병 피해자든 감옥 수감자든 정신병동의 환자든 인구의 특정한 경계지대나 위험한 계층을 규제하고 통제하고자 시작한 것이 전체 인구를 평준화하기 위해 사용되는 기술이 됐으며, 권력과 권위에 관심 많은 모든 기관이 이를 채택하고 있다. 이런 현상을 두고 푸코는 수사학적으로 이렇게 묻는다. "감옥은 공장, 학교, 군막사, 병원과 닮았다. 이 모든 것은 감옥을 쏙 빼닮았다. 이 사실이 놀랍지 않은가?" 아니, 전혀 놀랍지 않다.

한 가지 끔찍한 결과는 학교가 점점 더 많은 예산을 '안전'에 쏟아붓는다는 사실이다. 교육과정에 투입되는 예산은 극적으로 줄어들어 스포츠, 음악, 미술을 비롯한 여러 교과 프로그램이 없어지고 있는데 말이다. 학교 건물은 감시하기 쉬운 형태로 다시 디자인되고 있다. 몇몇 학교는 혐오스러울 만큼 극단적인 방식으로 판옵티콘을 채택하기도 했다. 한 사람(대체로 학교 교장)이 자기 사무실에 서서 방해받지 않고 모든 시설을 바라볼 수 있게끔 건물을 디자인하는 것이다. 메시지는 간단하다. 나는 당신을 볼 수 있다.

감시원이 죄수에게 보이지 않도록 원형감옥 바깥에 숨어 있게 한 판옵티콘의 중앙탑을 통해 벤담이 상상한 베니션 블라인드는, 근처 경찰서에 전송될 수 있는 CCTV를 숨겨둔 온갖 장소의 까만 구체로 대체되었다. CCTV는 주정부 권력이 학교 복도나 심지어 교실 속으로 아무 방해 없이 어떻게 직접 투영되는지 주시하게 해준다.

어떤 학교에서는 좀 더 조지 오웰 식의 기획에 착수했다. 이른바 라디오 주파수 증명서Radio Frequency Identification, RFID 라고 불리는 이 파일럿 프로그램은 학생 ID에 전자칩을 부착해 중앙 전산망에서 학생들의 활동을 추적한다. 어떤 학교에서는 학교 버스를 미행하는 GPS 기술을 사용하고, 출입문에 금속탐지기를 설치하거나 화약탐지견을 배치하기도 하며, 출석과 도서 대출 현황을 파악하기 위해 지문감지기나 손바닥 생체 스캐너를 마련하기까지 한다.

이런 환경에서 교사들은 손쉽고 판에 박힌 방식으로 훈육을 위한 감시의 도구가 된다. 학생들을 추적하고, 낙인찍고, 관찰하고, 범주화하고, 훈육하면서 말이다. 사실 우리는 이미 이런 일을 하고 있다. 잠재적 폭력의 신호를 감지해 학생들을 단속하고, 창의적 표현에서 감정과 동기를 제거하고, 아이들의 이러한 동기를 우리 머릿속에 있는 일련의 정상화한 처방과 비교하고 있지 않는가. 또한 이보다 극단적인 사례를 담은 이야기를 읽거나 듣고 있지 않는가. 학교에서 발행하는 잡지, 창작문 또는 과제물에서 긁어모은 폭력적인 내용 때문에 학생을 경찰이나 심지어 연방비밀경호국US Secrete Service에 신고하는 교사마저 있다.

다른 한편으로 우리 교사들은 훈육 기제에서 스스로 감시의 대상이 되기도 한다. 수많은 CCTV, 출신 배경 확인, 소변 검사, 우리를 범주화하고 교정하고 감독하는 '전문성 평가' 시스템을 통해서 말이다. 이에 더해 표준화한 교육과정과 교육 관료의 불시점검을 포함한 징계 절차도 있다. 교육청 장학관들은 우리 교실에 아무 때고 들어올 수 있으며 학생들의 학습지를 직접 확인해볼 수도 있다. 주어진 날짜에 맞춰야 하는 교과 진도에 도달했는지 여부를 확인한다는 명목으로 말이다. 이런 감시는 교사-학생 관계에 개입하는 것이며, 교육적 과정 자체에 관여하는 것이다.

나는 이러한 모든 훈육·관리·통제가 일어나는 장소이자 이런 것들에 반발하는 장소에서 '다 함께 살아가기 위한 배움 Learning to Live Together'이라 불리는 전인적 교육과정을 창조하고 싶다. 이 교육과정은 우리가 교실에서 하는 모든 활동과 동시에 그리고 함께 존재할 수 있다. 다 함께 살아가기 위한 배움은 명시적으로 논의되고 기록된 표준 교육과정일 수 있다. 더불어 이것은 암묵적으로 가정된 기대로, 우리가 교실에서 하는 모든 평범한 활동의 한 부분이 될 수도 있다. 이 교육과정은 일종의 **생명력이 있는** 교육과정을 의미한다. 다 함께 살아가기 위한 배움은 때때로 교육과정 자체에 관심을 기울이게 하지만, 대개는 단지 하나의 규범, 예외 없는 시금석, 내재화한 지침이 된다.

　다 함께 살아가기 위한 배움은 타인과 구별되는 독자적인 개인으로서의 나와 여러 사람 중 한 명으로서의 나라는 실존적 상황이 삶의 실천으로 나타나는 영역이다. 우리에게는 규정집이나 잠재적 범죄와 처벌에 관한 목록이 없다. 그러나 우리에게는 우리의 행위를 아우르는 윤리가 있다. 당신을 존중하고 타인을 존중하라. 세상을 존중하고 당신이 하는 일을 존중하라. 가르칠 수 있는 순간이라는 기회, 즉 갈등과 해결의 순간은 매일 뿜어져 나올 것이다. 이런 순간은 아무런 연습 없이 전개되겠지만 당신의 교직 생활에서 가장 멋진 순간이 될 수 있다. 뿐만 아니라 학생이 진정한 배움과 더 깊은 이해를 경험하는 중요한 기회가 될 수 있다.

물론 이런저런 학생의 특정 행위나 행동을 억제해야 할 순간이 있다. 개입이 그 학생에게 가장 큰 이익이 되거나 그 학생을 포함한 더 큰 공동체의 이익이 되는 경우이다. 그러나 다 함께 살아가기 위한 배움은 질책하거나 (명시적이든 암묵적이든) 직접 설명하라고 당신에게 요구한다. 아주 간단하게 **"내가 너를 사랑하기 때문이야"**라고 말함으로써. 거리에서 뛰지 마라, **내가 너를 사랑하기 때문이야.** 싸우지 마라, **내가 너희를 사랑하기 때문이야.** 너는 잠시 빠져 있어야 해, **내가 너를 사랑하기 때문이야.**

우리는 이 교실에서 (그리고 이 세상에서) 다 함께 살아가기를 배우는 중이다. 이 말은, 우리가 어떻게 협력하고 어떻게 타협하며 때때로 어떻게 주고받는지 알아내야 한다는 것을 뜻한다. (더 원숙하고 노련한) 교사로서 당신은 모든 학생이 다 함께 살아가는 이 복잡한 실재를 이해하도록 도와주기 위해 아이들의 삶에 개입해야 한다. 이때 당신 학급의 모든 학생이 **"내가 너를 사랑하기 때문이야"**라는 말을 듣고, 경험하고, 이해한다는 메시지를 받게 해야 한다.

내가 아는 어느 교사는 교실 뒤쪽 벽에 진한 글씨로 **'다 함께 살아가기 위한 배움'**을 제목으로 한 커다란 포스터를 붙여두었다. 제목 아래에는 세 가지 항목이 있다. ① 우리는 배움의 공동체이다. ② 우리는 우리 자신과 더불어 다른 이들을 존중한다. ③ 우리는 우리 공부를, 우리 학급을, 우리 학교를, 우리 지역사회를, 우리가 공유하는 세상을 존중한다.

이 포스터에서 가까운 작은 탁자 위에는 연필, 접착 메모지가 놓여 있다. 학생들은 이 세 가지 항목이 교실에서 어떻게 실천되는지 또는 실천되지 않는지에 대해 자기 생각을 메모지에 써서 포스터에 붙인다. 이렇게 해서 모인 메모와 생각을 바탕으로, 어떻게 하면 학급의 모든 사람이 더 잘할 수 있을지 주기적으로 대화하고 토론한다.

이런 활동은 많은 교실의 특징이라고 할 수 있는 복종·표준화·순종·통제의 강박관념과 뚜렷한 대조를 보인다. 강박관념에 따른 통제방식은 학교에서 노예의 자손, 가난한 국가 출신의 이민자 자녀, 토착원주민 청소년들이 가담하는 복수를 불러온다. 승자와 패자로 구성되는 거대한 피라미드 조직에서 자신의 위치를 알고 또 어쩔 수 없이 받아들여야 하는 상황은 학생들의 생존에 필요한 교훈이 된다. 이런 학교는 다루기 힘든 집단을 관리하는 정교한 실행계획을 개발해서 ID 카드, 투명 백팩, 교복 착용 지침, CCTV, 무장경호원, 금속탐지기, 불시 검문 등 우리에게 아주 익숙한 압박 기술을 가동한다.

잔뜩 얽혀 있는 규율 시스템, 시간표와 감시에 철저한 기계장치, 판옵티콘을 닮은 건축물, 규제하고 교화하고 검사하고 훈육하고 책망하고 교정하고 머릿수를 세고 감정하고 평가하고 판단하고 점수 매기느라 바쁘게 돌아가는 프로그램들. 이 모든 것이 '학교'를 깨우침과 해방의 장소가 아니라 처벌 기관으로 만들고 있다. 학교는 전진하는 경험을 하는 곳이 아니라 복구하는 장소가 되어버렸다.

학교가 판옵티콘으로 기능하면 학생들은 어린 정치범이 되어버린다. 일찍 의식이 깬 아이들은 이 사실을 안다. 의무적인 출석을 강요받고, 시간표와 동일한 복장과 규정집에 따라 움직여야 하고, 특별하게 지정된 감방 공간으로 보내지고, 쉼없이 감시받고 엄격하게 통제당한다.

> 09:00 국가에 대한 충성 맹세.
> 10:15~10:20 쉬는 시간, 화장실에 갈 수 있지만 대화 금지.
> 11:45~12:05 점심시간, 교실 안에서 음식 섭취 금지.
> 15:10 종례 시간, 남녀 분리된 줄. 복도에서 뛰지 않기.

강압적인 감금상태에서 강요되는 것의 전체 목록은 무수히 많다. 모든 어린 몸이 지배와 통제의 대상이다.

적절한 사례를 하나 들어보자. 시카고 공립학교의 〈통합 규정집〉은 꼭 같은 정도는 아니지만 1년마다 몇 페이지씩 늘어난다. 추정하건대 이 규정집의 목표는 '학생의 바람직한 행실과 태도를 진작하는 것'이고, 이를 위한 방법적 접근은 '학교 시스템 전체에 적용할 수 있는 벌칙과 처벌 내용을 집대성하고 이를 적용하는 데 행정적 융통성을 유지하는 것'이다. 이 일은 교육위원회 소속 변호사들을 몇 달 동안 아주 바삐 움직이게 하지만, 너무 엉성해서 빠져나갈 구멍은 수두룩하다. 학교 규칙을 어긴 깡패로 가득 찬 노란색 스쿨버스가 충분히 빠져

나갈 만큼 큰 구멍 말이다.

이 규정집의 첫 장(章)에는 학생, 학부모, 교사, 학교장 들이 감당해야 할 책임과 권한이 쓰여 있다. 예를 들어 학생과 교사는 "청결함, 정숙함, 단정한 차림새라는 기본적인 기준을 준수"하도록 지도받는다. 반면 이 규정집에 따르면 흥미롭게도 학교장에게는 다른 사람들과 비교할 만한 책임이 주어지지 않는다. 학교를 깨끗하게 유지하고 깨끗해 보이게 하는 방법을 교사는 잘 모르지만 교장은 잘 알고 있다고 가정하는 듯하다. 그래서 그 사람들이 교장이 될 수 있었나 보다.

학생에게 지우는 책임은 계속 이어진다. "정직하고 예의를 지켜라." "학교에 대해 자긍심을 느껴라." "결과가 만족스럽지 않으면 더 열심히 노력해라." 모두 21개 항목이 열거되어 있다. 학부모와 관련된 항목은 12개밖에 안 된다. 첫 번째 항목은 기대하는 것에 대해 목소리를 내라는 내용이다. "학교 관계자들에게 조용하고 이성적인 태도로 당신의 얘기나 사유를 제시하시오." 이런 말을 들으면 누구라도 사고방식의 격차와 거대한 벽과 적개심을 느낄 수 있다. 물론 교사들에게는 "학교에서 보내는 시간을 온전히 공적 업무에 헌신하라"라고 되어 있는데, 이럴 필요가 있을까? 그런데 학교장에게는 "필요하다면 시카고 경찰서에 알리시오"라고만 되어 있다. 정말인가?

'학생 비행'은 6가지 항목으로 나뉘어 있다. 항목 1은 '**부적절한 학생 행동**'인데, 여기에는 "교실이나 학교 건물에서 뛰어다니거나 지나치게 큰 소음을 내는 경우" "적절하지 않은 복장"이 포함된다. 이런 행동에 대해서는 회의가 소집된다. 항목 2는 **파괴적인** 행동, 항목 3에는 **심각하게 파괴적인** 행동, 항목 4에는 **매우 심각하게 파괴적인** 행동, 항목 5에는 **가장 심각하게 파괴적인** 행동이 명시되어 있는데, 각 항목의 행동에 따라 제재와 처벌 수위가 점점 높아진다. 항목 6은 "불법적 행동이 포함된 학생 비행으로 질서정연한 교육과정을 **가장 심각하게 어지럽힐** 뿐만 아니라 훈육이 꼭 필요한 행동"으로 구성된다. 이때 훈육은 10일간의 정학에서 퇴학까지 포함한다.

항목 2의 예에는 "허가받지 않은 유인물이나 다른 유형의 자료를 학교에 붙이거나 배부하는 행동"이 포함되어 있다. 항목 3에는 "도박" "위조" 등의 비행 내용이, 항목 4에는 "금품 강탈" "신체 공격" "질서를 어지럽히는 행동"이, 항목 5에는 "가중 폭행(절도)" "조직폭력배와 연계되었다는 명시적 표시를 반복해서 나타내는 것을 포함한 조직폭력 활동"이 포함되어 있다. 항목 6에는 "방화" "폭파 위협" "살인" "납치" "성폭력" 등의 행동이 열거되어 있다. 납치? 살인?

이 규정집은 무슨 말인지 도저히 해독하기 힘든 법률 사전의 도움을 받아 작성된 6쪽 분량의 편리한 용어 해설로 끝맺고 있다. 예를 들어 "은밀한 유혹—요구하지 않은 성적 제안" "닮은 물질—겉으로 보기에, 제시되는 방식에서, 주고받는 태도에서 '그 물질'이 불법 마약이라고 합리적으로 믿게끔 하는 물질" "질서 교란 행동—다른 사람을 경악케 하거나 방해하기 위해 부당한 태도로 이루어지는 행동 또는 평화로운 상태를 침해하는 행동" 등이 있다.

물론, 점증하는 이 규정집의 무게감은 청소년과 비행에 관한 상상력을 학교 관계자들이 제대로 이해하는 데 실패하고 있다는 사실만큼은 잘 보여준다. 그런데 이 규정집의 영향력은 팽창하고 있을 뿐만 아니라 제한이 없다. 즉 그 끝을 모른다. "예의를 지켜라" "복장을 단정히 하라"처럼 명령 투의 일반적인 표현들은 너무 분명하고도 절망적으로 모호하다. "뛰기 금지" "괴롭힘 금지" "폭력조직원 표시 금지"처럼 좀 더 구체적인 요구들조차 모호하기는 마찬가지이다. 이런 모호한 표현들은 고맙게도 "행정적 융통성"을 교묘하게 유지해준다.

그러나 많은 예에서 볼 수 있듯이 어른들은 (이 규정집의 필요에 대해) 진지한 태도를 취하고 싶어 한다. 그게 정확하게 뭔지도 모르면서 말이다. 더 많은 범죄와 비행 내용을 목록화할수록 당신은 더 많은 고민거리를 떠안을 것이며, 더 많은 탈선을 명문화할수록 더 많은 창의적 범죄가 시야에 들어올 것이다.

청소년 범죄자들을 위한 수감시설, 소년원 관리자들은 모든 수감자가 똑같은 정도로 규율에 순응하거나 저절로 굴복하리라고 기대하지 않는다. 그래서 일탈행위를 뿌리 뽑기 위해 정교하고 짜임새 있는 장치들을 마련해둔다. 복종하고, 순응하며, 예의 바른 모범적 수감자상을 수감된 한 사람 한 사람에게 각인시키기 위해서 말이다.

물론 학교는 역사나 문화 바깥에 존재하지 않는다. 오히려 학교는 역사와 문화의 가장 핵심적인 곳에 있다. 학교는 거울이자 창문으로, 우리가 소중하게 여기는 것을 보여준다. 독재사회는 독재적인 학교가 떠받치고 있다. 자유로운 학교가 자유사회를 위해 봉사하는 것과 똑같다.

당신도 알다시피 1930년대의 독일처럼 어떤 사회가 전체주의적이면, 학교 교실의 모습은 굳이 들여다보지 않아도 알 수 있다. 교실 분위기는 권위적이고, 규율은 엄격할 것이며, 교수법은 일방적이고, 교육과정은 속임수로 가득 차 있을 것이다.

반대로, 당신이 어떤 학교를 방문해서 이와 똑같은 특징을 봤다면, 학교를 둘러싼 사회에는 분명 위계적이고 고압적인 분위기가 팽배할 것이다. 이런 분위기를 아무리 아버지의 땅 Fatherland, 고향Homeland, 애국심Patriotism, 자유Freedom 따위의 숭고하고 고상한 표현으로 포장해도 말이다.

그렇다고 선동적인 교육과정, 통제적 관계, 엄격하고 강압적인 교수법을 내세운 권위적인 학교가 학생들에게 아무런 기술도 가르치지 못한다는 뜻은 아니다. 나치가 점령한 독일, 중세와 비슷한 사우디아라비아, 아파르트헤이트가 지배하는 남아프리카공화국 등의 나라에서도 똑똑한 의사와 과학자, 예술가, 운동선수 들은 배출되었다.

인간적이고 민주적인 사회의 관점에서 보면, 전제주의적 접근은 언제나 퇴행적이다. 전제주의적 접근은 민주적 삶의 참여정신을 전복하고, 공동체를 저해하며, 독립적이고 자유로운 사고의 파괴를 목표하고, 또한 비판적 사고를 악화시키려 한다. 민주주의는 능동적이고 생각하는 인간 존재를 요구한다.

그리고 교육은 이 목표를 강화하고 또 실현하게끔 디자인된 것이다. 더 나아가 생명력 있는 민주주의는 참여, 차이에 대한 관용과 수용, 독립적인 사고, 상호성 정신, 즉 '다 함께 살아가기 위한 배움'을 필요로 한다.

"나는 창조할 거야!" 궨덜린 브룩스Gwendolyn Brooks의 시 〈Boy Breaking Glass〉에서 어느 비행 청소년이 울부짖듯 외친다. 이른바 '나쁜 소년'이라고 이미지화한 아이의 입에서 나온 이 말은 특별한 힘과 통렬함을 느끼게 한다. 그는 계속해서 이렇게 쓴다. "공책이 아니라면, 구멍이지. 강화 제의가 아니라면, 신성모독이지If not a note, hole. If not an overture, a desecration." 브룩스가 던지는 주의에 귀를 기울이라. 당신이 어떤 이야기를 들었든, 세상의 박식한 전문가나 '해설자'가 쉼 없이 무엇을 가르치든, 우리 속에서 살아가는 가장 소외되고 버림받은 젊은이의 다급한 의도를 잠시도 의심하지 말라. **나는 창조할 거야.**

이런 진심 어린 울부짖음에, 기본적인 인간적 소망에 어떻게 답할지는 우리에게 달렸다. 이것은 위에서 말한 이 청소년들을 하나의 전체로 그리고 역동적인 인간 존재로 바라보아야 한다는 것을 뜻한다. 버림받은 아이들을 삼켜버리는 고정관념의 눈보라를 뚫고, 이들에 대한 논평에 휘둘리지 않고 울부짖는 외침 너머로 전해지는 진정한 목소리를 들으면서 말이다. 학급을 담당하는 교사들에게 이 말은 (학생을 위한) 창의적 탈출구를 열어놓으라는 것을 뜻하고, (학생이) 발표 초안과 시집의 서장을 써내도록 지원하라는 것을 뜻한다. 그럼으로써 파괴적 탈출구가 더는 사용되지 않아 퇴화해서 없어지게 만들라는 뜻이다.

우리는 저마다 구별되고 단일한 개인으로, 다른 사람이 아닌 오직 나 자신으로 존재한다. 그런데 우리는 다른 사람들과 마찬가지로 여러 명 가운데 한 명이고 큰 집단의 작은 부분이기도 하다. 우리는 이 모순을 안고 살아가도록 노력해야 한다. 각 개인이 다른 사람과 같지 않은 동시에 몇몇 사람과 같다는 모순, 그러면서도 다른 모든 사람과 같다는 모순 말이다. 다 함께 살아가기 위한 배움을 향해 앞으로 나아가면서, 이렇게 서로 상대적인 생각들을 마음에 새겨야만 한다. 여기에 또 다른 예가 있다.

"지금 당장 자유를!Freedom Now"은 50년 전에 일어난 흑인자유운동·Black Freedom Movement의 구호로, 20세기 후반의 50여 년 동안 전 세계에 걸친 모든 반식민주의적·반제국주의적 해방 투쟁의 함성이었다. 이 운동은 투표하고, 공공재와 공공자원에 접근하며, 원하는 곳에서 살고 먹고 앉고 물 마실 수 있는 권리를 포함한 개인의 자유를 요구했다. 그러나 개인의 이러한 자유는 늘 공동체를 위한 자유, 인류 전체를 위한 자유처럼 집단적 자유의 원대한 전망 안에 있었다.

이와 비슷하게 '여성해방'과 '동성애 해방' 운동은 누가 뭐래도 인정되는 '대중'을 특별한 집단으로 치부하거나 공동체 구성원의 자격 여부를 따지는 것에 저항했으며, 사람들이 맞닥뜨리는 억압·차별·학대·욕설에 맞서 싸우는 과정으로 옮아갔다. 자유와 해방은 착취와 억압에 대한 저항을 의미하고, 인류가 제한 없이 참여할 수 있는 행위주체성과 사회적 권력을 지니고 더욱 완전하게 각성될 수 있다는 가능성을 뜻했다. 우리는 그 그룹들을 위한 자유, 아주 많은 나의 집합인 **우리**를 위한 자유를 요구했다.

그러나 오늘날 '자유'는 단순히 자유로운 선택을 의미하고, 개인적 자유는 집합적인 **우리**를 거부하면서 누리는 자유로 여겨진다. **나**라는 개인을 위한 자유를 의미하는 것이다. 당신 자신만을 위하고 공동체를 무너뜨리는 권리는 다양한 해방 운동을 펼쳤던 사람들이 생각한 자유의 사회적 의미와 아주 거리가 멀다. 오늘날의 '자유'는 (임시직이나 단기계약직으로 인력이 충원되는) 긱경제*의 지도자들이나 샌프란시스코 근교의 새로운 자유주의적 기술문화가 이끌고 있다. 여기에다 미국 하원에 소속된 극우적 성향의 프리덤 코커스House Freedom Caucus 의원들을 포함시킬 수 있다. 이들에게 '자유'는 공적 투입이나 정부 규제에서 풀려난 자본주의 시장을 통해 이익을 뽑아내는 것을 뜻한다.

부츠 라일리Boots Riley의 훌륭한 영화〈신경 쓰게 해서 미안해 Sorry to Brother You〉에는 '워리 프리Worry Free'라는 이름의 거대 기업이 등장한다. 이 회사는 고객들에게 무료 음식, 무료 주택, 구직 스트레스로부터의 자유, 짜증을 유발하는 대금지급으로부터의 자유를 약속한다. 정말 그럴듯하지 않은가.

그러나 이 모든 자유에는 함정이 숨겨져 있다. (이런 자유를 누리고 싶은 고객은) 평생 동안의 노동계약서에 서명해야 한다. 워리 프리 회사를 홍보하는 텔레비전 광고는 약속된 '걱정 없는

● 기업이 정규직을 채용하는 대신에 필요에 따라 사람을 구해서 임시로 계약을 맺고 고용하는 경제 형태.

worry free' 미래를 향해 손에 손을 잡고 걸어가면서 아무 걱정거리 없이 웃고 있는 행복한 가정(당연히 백인 가정)을 보여준다. 물론 워리 프리는 자유라는 마스크를 쓴 현대판 노예제이다. 그러나 대부분의 사람들은 이 사실을 금방 알아채지 못한다. 이 회사의 영리한 마케팅은 만연한 소비문화의 피에 몸이 잠긴 사람들에게 아주 그럴듯하게 호소하기 때문이다.

'자유'란 노예 신분의 노동자를 자유롭게 하기 위해 싸운 노예해방론자들의 목표이기도 했지만, 누군가의 '자유'를 수호하기 위해 기꺼이 집을 불태우려는 배신자와 테러분자를 조직했던 남부군의 구호이기도 했다는 쓸쓸한 진실을 기억해야 한다. 남부군에게 자유란 다른 인간 존재를 소유할 자유를 의미했다. 이 점은 아주 중요하다.

교사는 교실을 배경과 관점, 경험, 신념이 다양한 학생들이 서로 배울 수 있는 공간으로 만들 수 있다. 그 속에서 학생들은 더불어 살아가는 법을 배운다. 질문으로 시작하고 또 다른 질문을 내놓고 또 다음 질문을 하는 대화의 교육 a pedagogy of dialogue

은 자유롭고 민주적인 사회에서 그리고 이런 사회를 위해 가장 기본적인 가르침의 몸짓이다. 전달하겠다는 가능성을 담아 말하고, 변하겠다는 가능성을 담아 경청하는 세련된 기술을 배우는 것은 매우 다양한 민주주의 사회에서 각자의 길을 찾도록 하는 데 실질적인 도움이 된다. 다 함께 살아가기 위한 배움이 의미하는 것은 바로 이것이다.

'다 함께 살아가기 위한 배움'이란 유치원에서는 갈등을 해결하는 방법이며 싸우지 않는 것에 대해 이야기하는 것, 물어뜯지 않는 것에 대해 이야기하는 것을 뜻한다. 고등학교에서는 다른 사람에게 창피를 주지 않고 남을 괴롭히지 않는 것이며, 대학원 세미나에서는 독재적으로 지배하지 않고 절대 조용히 있지 않는 것을 뜻한다. 이처럼 '다 함께 살아가기 위한 배움'은 어느 교실에서나 좋은 것을 더하는 기능을 하긴 하지만, 당신은 삶 전반의 모든 관계, 모든 사회 환경에서 다 함께 살아가기 위한 배움을 신중하게 받아들여야 한다.

8

학부모와 동료 교사,
어떻게 협력할 것인가?

ABOUT
BECOMING
A 🌱 TEACHER

학부모도 아이들과 마찬가지로 역동적이며,

당신과 마찬가지로 3차원적인 인간이다. 이 점을 믿어야 한다.

당신은 학부모들의 동기, 요구사항 그리고 희망과 소망을

더 분명하게 이해할 수 있도록 충분히 시간을 내서 이들과 만나볼 수 있어야 한다.

우리 부부는 교사-학부모 면담을 몹시 꺼렸다. 여기에는 그
럴 만한 이유가 있다.

　우리는 몇 달 전에 뉴욕을 떠나 시카고로 이사 왔다. 세 아들
은 벌써 새 학교에 출석하고 있었다. 4주라는 짧은 시간 동안
학교에서 새 친구도 사귀고 낯선 일상과 요구를 접했다. 우리
집 막내는 14개월 때 입양해 지금은 2학년이다. 그 아이는 완
곡하게 표현하면 이른바 '도발적인 아이'였다. 이 말은, 막내가
친구 사귀는 데 어려움을 겪으며 가끔은 다른 아이들과 감정
적으로 충돌하기도 한다는 뜻이다. 그 아이는 짜증 섞인 분노
를 어찌지 못하고 고스란히 분출하거나 몇 시간 또는 며칠 동

안 분을 삭이지 못하기도 했다. 전문가와 정신과 의사를 수도 없이 만났다. 자기 파괴적 행동, 충동 조절 빈약, 집단활동에 대한 무관심, 지나치게 오래가는 저체력증, 일반적인 집중력 부족 현상 등의 진단이 내려졌다. 게다가 읽지도 못했다.

우리 생각에 이 아이의 담임교사는 감정을 잔뜩 억누른 목소리로 전체 학생 명단을 확인하고는 교실에서 막내의 행동에 관해 뭔가 특별하게 놀랄 만한 뉴스를 기록하고 있을 것이 분명했다. 그래서 나는 언제 어떤 희생을 치르고라도 우리 아들을 위해 달려갈 만반의 준비가 되어 있었다. 그러나 우리는 이런 교사-학부모 면담은 기꺼워하지 않았다. 아주 분명하게 말이다. 우리는 잔뜩 주눅 든 채 어떤 불길한 예감을 안고 천천히 움직여 교사-학부모 면담에 갔다.

담임교사와 인사를 주고받은 다음 의자에 앉았다. 그런데이 젊은 교사가 이런 말로 우리를 놀라게 했다. "그거 아세요? 아드님은 제가 파악한 것보다 훨씬, 아주 훨씬 잘하고 있어요. 제가 아드님에게 좋은 교사가 되는 데 도움이 될 만한 말씀 좀 해주시겠어요?"

나는 한바탕 싸울 준비를 하고 갔는데, 모든 전의가 순식간에 사라져버렸다. 전투는 더 이상 합당한 구실을 찾기 어려워

보였다. 아마도 나는 아들의 성정에 관해 중얼거렸을 것이다. 담임교사가 "제기랄!"이라고 하는 듯한 느낌을 받았지만, 그는 아무 말도 하지 않았다. 그는 조심스럽게 내 이야기를 들었고 영민한 질문을 던졌다. 그리 오래지 않아 우리는 우리 안의 가장 깊숙한 염려와 가장 벅찬 기대를 나누었다. 우리 세 사람은 한 팀에서 협력하는 팀원이 됐으며, 우리 아들을 위해 최상의 결과를 바라게 되었다.

어느 지점에서 담임교사는, 이 몇 주 동안 자신이 아들에게 진짜 공부, 즉 정말 중요한 학급활동을 하라고 했더니 아들이 그 일을 끝낼 때까지 몰두하려 하는 모습을 발견했다고 말했다. "그 아이는 청소하는 것을 좋아해요. 예를 들어 제가 책과 학용품을 전부 책장에 가져다놓고 씻어서 말려달라고 부탁하면 모든 것을 제자리에 가져다놓습니다. 아드님은 정말 오랫동안 그 일에 몰두해서 시간을 보낼 수 있어요." 여기에 덧붙여 담임교사는 뭐가 정리되어야 하는 경우에 우리 아들이 다른 학생들과 교사를 위해, "무엇보다 자기 자신을 위해 정리정돈에 좀 더 집중합니다"라고 말했다. 내 아들은 더 이상 악마 같은 성정을 지닌 아이가 아니다. 책장을 깔끔하게 정리하는 훌륭한 일을 하는 아이다. 이 둘의 차이는 엄청 대단하다. 나를 믿어도 좋다.

첫 면담에서 이 담임교사는 당신이 가르치는 모든 아이의 부모들과 함께 당신이 정말 하고 싶어 하는 특별한 일을 했다. 껄끄럽거나 대립적인 만남이 될 수 있는 것을 비켜가게 함으로써 우리와 함께 목적이 분명한 협력관계를 맺었다. 부분적으로는 그가 던진 훌륭한 첫 질문 덕분인데, 이 질문으로 인해 우리는 방어적인 태도를 버리고 그를 신뢰했으며 좀 더 마음을 열고 대화하게 되었다. 그리고 부분적으로는 책장 이야기 덕분이었다. 그 이야기를 들으면서 우리는 담임교사가 벌써 우리 아들을 아주 잘 파악하고 있다는 점, 우리 아들을 한 명의 사람이자 학습자로 대하는 희망적인 시각을 발전시키고 있다는 점을 알았다.

학부모와의 만남을 어떻게 해야 좋은지에 관한 이야기들은 많은 교사에게 서늘한 느낌을 준다. 단지 새내기 교사에게만 해당하는 얘기가 아니다. 그런데 그럴 일이 아니다. 학부모나 보호자는 당신과 대립하는 사람이 아니다. 이들은 오히려 당신에게 학생 다음으로 중요한 두 번째 잠재적 동료이자 협조자가 될 수 있다. 학부모는 학생이 가장 처음 접하는 교사로, 이들은 당신의 동료이자 공동 교수자가 된다(또는 학부모 시각에서 볼 때 당신은 잠시 학생을 맡는 공동 엄마나 공동 아빠 정도가 될 수 있다). 학부모와 교사 사이에는 공통점이 많다. 둘 다 아이들이 능력 있고 똑똑한 어른으로 성장하기를 바란다. 둘 다 아이들이 훌륭하고 도덕적인 사회 구성원이 되기를 바란다. 둘 다 아이가 생산적인 일을 할 수 있기를 기대한다. 둘 다 아이가 자라서 사랑할 수 있고 사랑받을 수 있기를 바란다. 학부모와 교사 사이에 쌓아갈 수 있는 합의점은 참으로 많다.

그런데 안타깝게도 학부모와 교사 사이의 긴장은 쉽게 풀리지 않는다. 교사들이 도시락을 먹는 곳에 가보라. 십중팔구 학부모에 관한 험담을 듣게 될 것이다. 동네 카페나 공원에 가보라. 거기에서는 학교 선생에 관한 불평을 듣게 될 것이다.

로런스 라이트푸트Sarah Lawrence Lightfoot는 『분리된 세계World Apart』라는 책에서 교사와 학부모 사이의 갈등을 다루고 있다. 이 책의 한 장에는 이런 갈등을 충분히 표현하는 제목이 달려 있다. '교사와 엄마들: 또 다른 여성.' 그런데 이 상황이 꼭 이렇게 나빠야 할까? 시기심, 분노, 잘못된 신념으로 가득한 필사적인 싸움이어야 할까? 물론 나빠질 수 있다. 그러나 미리 그렇게 예정된 것은 아니다. 교사와 학부모의 관계는 전혀 나빠야 할 이유가 없다. 당신은 오래되고 무익한 이 모순에 개입해서 문제를 해결할 수 있는, 어둠에 빛을 비춰줄 수 있는, 이 긴장의 공간에 생산적이고 서로에게 이익이 되는 것을 만들 수 있는 사람이다. 이로써 모든 사람이 승자가 될 것이며, 무엇보다 아이들이 가장 큰 혜택을 볼 것이다.

학부모도 아이들과 마찬가지로 역동적이다. 움직이고 다른 사람들과 어울리는 데서 당신과 마찬가지로 3차원적 인간이다. 이 세상에서 유일한 사람인 동시에 여럿 가운데 한 명이다. 이 점을 믿어야 한다. 학부모도 가슴과 마음, 정신, 영혼, 경험, 관점, 희망, 역사, 열정, 기호, 소망과 꿈이 있다. 당신이 맺어야 할 관계를 위한 핵심은 아이에게 초점을 맞추는 것이다. 더 이상 무엇이 필요하겠는가. 모든 단계에서 학부모와 가까워지거나 합의가 이루어지거나 또는 공감하고 동정해야 할 필요는 없다. 아이를 위해 당신이 나누고픈 관심사를 학부모와 연결할 방법을 찾으면 된다. 아이 한 명 한 명에 대해서 말이다.

아이들과 마찬가지로 어떤 학부모도 섣불리 정형화해서는 안 된다. '비협조적인' '쓸데없이 참견하는' '몹시 긴장시키는'

'몰아세우는' '자기 아이를 공주로 생각하는' 따위의 표현을 써 가면서 말이다. 당신이 이런 말을 하게 만드는 표면적 성과나 행동이 어떠하든 간에, 이렇게 단순하게 축약된 표현들은 모든 맥락을 충분히 담아내지 못한다는 점을 잘 알아야 한다. 다시 말하면, 좀 더 깊이, 좀 더 관대하게 관찰해보라. '자기 아이를 공주로 생각하는' 부모는 분명 짜증을 유발할 수 있다. 그러나 자기 딸에게 무관심하거나 잔인하게 구는 것보다는 낫다. 당신은 학부모들의 동기, 요구사항 그리고 희망과 소망을 더 분명하게 이해할 수 있도록 충분히 시간을 내서 이들과 만나볼 수 있어야 한다. 그렇다고 당신이 학부모와 가까운 친구 사이가 될 필요까지는 없다. 그러나 자녀에 관해서는 분명하게 거듭 이야기를 나눌 필요가 있다.

다음과 같이 오래되어 진부한 말을 들어봤을 것이다. "모든 아이는 배울 수 있다." 물론 이 말은 사실이고 또한 자명하다. 그만큼 이 말은 좋은 의도로 무장한 교사에게는 진부한 말이 되어 있다. 나는 이 말을 약간 수정해보려고 한다. "모든 아이는 항상 배우고 있다. 그러나 당신이 원하는 바를 배우는 것은 아니다."

그런데 여기에 더 중요한 점이 있다. 모든 아이가 배울 수 있다면(나는 이 말에 동의한다), 도대체 우리는 어떤 점을 이야기하는 걸까? "그래, 그게 전부야. 그는 이제 18세(21세 또는 30세?)가 됐어. 이제 다 끝난 거라고. 그는 더 이상 아무것도 배울 수 없어. 이제 그 말을 잊어버려. 기억하라고. 모든 아이는 배울 수 있지만 그는 이제 아이가 아니라는 사실을 말이야."

분명히 말이 안 되는 소리다. 당신도 여전히 배우는 중이 아닌가. 또한 당신이 알고 있는 다른 어른들도 한결같이 배우는 중이다. 우리는 어디에 머물러 있지도, 어디에 갇혀 있지도 않다. 어떤 학부모에게든 물어보라. 그러면 아이를 키우면서 양육하는 모든 단계마다 늘 새로운 통찰과 발견을 하고 있다는 점을 알게 될 것이다. 여기 비슷한 구호가 있다. "모든 부모는 배울 수 있다." 당신의 일은 당신과 부모가 다 함께 그리고 서로 배울 수 있는 공간을 만드는 것이다.

만약 당신의 목표가 진정한 의사소통이거나 함께 배우는 것이라면, 학부모-교사 관계에 전통적인 접근을 취하는 것은 잘해야 무기력한 수준에 그칠 것이다. 이런 관계는 틀림없이 시작부터 무기력한 상황에 빠질 운명이다. 모든 인간관계가 그렇듯 상명하달식 또는 일방적인 상호작용은 거의 작동하지 않는다. 그러므로 학부모가 먼저 연락해오기를 기다릴 계획이거나 아이에게 문제가 생겼을 때만 학부모에게 연락할 수 있다고 생각한다면, 당신은 학부모와 유용한 관계를 맺고 있지 않은 것이다. 현장학습에 자원봉사를 요청할 때나 아이들의 숙제를 도와주라고 할 때 등 학부모의 도움이 필요한 경우에만 학부모와 대화하려고 한다면 진정한 교류를 위한 여건을 만드는 것이 아니다. 당신은 뭔가 새로운 것을 시도해야 한다.

당신은 규칙적이고 일상적으로 해볼 수 있는 방법을 강구해야 한다. 처음부터 그리고 활기차고 성공적인 교실을 만드는 데는 학부모도 동등한 이해관계자라는 점을 믿으면서 말이다.

롭 선생 같은 교사들은 새로운 학년이 시작하기 전에 학생의 집을 방문한다. 매주 또는 2주에 한 번 학생의 가정에 전화를 걸어 이런저런 이야기를 하는 교사도 있다. 그런가 하면 금요일마다 '204호 교실의 이번 주 뉴스'라는 제목의 한 페이지짜리 뉴스레터를 만들어서 보내는 교사도 있다. 문 가까운 책상에 '학급 일기'라고 불리는 책을 두고 교사가 관찰한 사항이나 학급 운영상 떠오른 다양한 생각을 적어놓고서 아이들을

등하교시키는 학부모들이 들춰보게 하는 교사도 있다. 그 책에는 학부모들이 교사와 나누고 싶거나 교사가 꼭 알았으면 좋겠다고 생각하는 소식과 생각을 적을 수도 있다. 내가 아는 어느 교사는 가을과 봄에 각각 한 번씩 가족소풍을 계획한다. 내가 잘 아는 또 다른 교사는 소설을 읽고 토론하는 데 관심 있는 학부모들과 매달 책읽기 모임을 한다.

내가 아는 어느 초등학교에는 숙제를 내주지 않는다는 방침이 있다. 정말이다. 이 학교 교사들은 대부분의 숙제가 실제로는 집에서 하는 학교 공부여서 가족들에게 걱정과 스트레스를 유발한다고, 그러므로 학교 공부는 학교에서 마쳐야 한다고 주장한다. 여기에 덧붙여 이 학교의 모든 학생은 학교 밖에서 컴퓨터나 휴대전화 모니터를 보지 않고 책 읽는 시간을 매일 가져야 하며, 집에서 가족과 함께 보드게임을 해야 한다. 숙제 homework 가 아니라 집에서 할 일 home work 을 하라는 것이다.

학부모 면담은 내가 위에서 기술한 내용과 비슷할 수 있다. 말하기 전에 듣는 시간을 마련하는 것, 학생의 경험과 공부를 공유하라는 것 등. 당신이 일하는 학교에서 학부모 초대 행사를 계획한다면 블록 쌓기, 이젤에 놓인 종이에 그림 그리기, 보드게임 하기, 책 읽기 코너나 글쓰기 코너에 참여하기 등 그 시간을 활용해 학부모가 실제 배움에 참여할 수 있는 프로그램을 만들어보라. 학부모가 당신의 학습환경이라는 음식을 맛보면서 교육과정과 수업방법, 아동발달과 배움의 복잡성에 관해 당신과 나누는 대화는 훨씬 더 맛있게 익어갈 것이다. 학교에 그런 행사가 없다면 당신이 만들어보는 것도 좋다.

교육과정을 개발할 때가 되면 학부모들과 이 과정을 공유하고 그들의 생각과 제안을 참고할 수도 있다. 학부모들의 이슈와 관심사에 귀 기울여보자. 깊고 오래가는 관계를 위해 학부모와 진정한 협력을 만들어내는 방법이다. 또한 너무 자주 소홀히 여겨지거나 잊히는 것이 무언지 깨닫게 해준다. 학부모와 함께하는 것은 당신의 교직 생활에 꼭 필요하고 잠재적으로 중요한 부분이다.

교사는 학부모를 대할 때와 같은 마음가짐으로 동료 교사, 학교 관리자와 함께 일해야 한다. 이 사람들 또한 각각 3차원적 존재로, 당신의 인내와 공감, 존중을 받아 마땅한 삶을 살고 있다. 삶을 쉽게 요약하거나 너무 어렵게 또는 너무 성급하게 판단하는 인간 성향에 저항하라. 좀 더 깊게 보라. 당신과 나를 포함한 우리는 모두 어쩔 도리 없이 유약하고 흠 많은 인간이라는 사실, 언제나 한계에 부닥치고 대부분 잘못하는 인간이라는 사실을 잘 기억하라. 서로의 공통분모를 찾기 위해 노력하라.

당신이 만들 수 있는 학교에서 더욱 긍정적인 문화를 만드는 데 도움이 될 만한 제안이 있다. 독특하고 수평적인 직원 역량개발을 경험할 만한 제안으로, 몇몇 동료 교사들과 함께 학교 안에 교사 대화그룹을 조직하는 것이다.

이 그룹이 어떻게 작동하는지 이야기해보자. 헌신적인 교사 3~7명을 모아 일주일에 한 번이나 2주일에 한 번씩 최소 40분간의 모임을 마련한다. 장소는 참여하는 교사의 학급이 좋으며, 매번 다른 장소에서 모인다. 방과후나 학교 일정을 시작하기 전에 모일 수 있는데, 학교에서 수업 준비시간을 배정해준다면 그 시간에 만날 수도 있다. 참여하는 교사들의 생각이 모두 같아야 하거나 모든 일에 합의를 이뤄야 할 필요는 없다. 단, 참여하는 교사들은 교수 학습 내용이나 수행과 관련해 교사 중심의 대화 또는 교사가 이끄는 대화에 관심을 기울이고 적극 참여해야 한다.

이 자리는 징징대거나 불평불만을 토로하는 자리가 아니다. 따라서 불평은 교사 1인당 60초로 제한한다. 교사는 불평거리가 어마어마하게 많다. 예를 들면 가르치는 아이들이 너무 많다거나, 시간이 너무 부족하다거나, 활용할 자원이 너무 없다거나……. 그러나 불만을 토로하는 분위기는 점점 더 강해지는 경향이 있기 때문에, 불만이 제기되는 횟수가 늘다 보면 애초 목표를 잊어버리게 된다. 따라서 불만을 인정하기는 하되, 제한을 두거나 멈추게 할 필요가 있다. 자, 계속해보자.

교사모임은 모임이 이루어지는 교실의 교사가 공식적으로 주재해 10분간 배움의 공간으로서 자신의 교실을 동료 교사들에게 소개하고, 각각의 공간과 쓰임새에 관해 자신의 생각을 설명하는 것으로 시작한다. 그런 다음 참여 교사들이 약 10분에 걸쳐 제안, 아이디어, 가능한 방안 등의 피드백을 제공한다. 이어서 모임을 주재하는 교사가 다시 10분 정도 학생들의 작품을 통해 자신의 학생들을 소개한다. 마찬가지로 참여 교사들이 생각, 연관성, 제안 등의 피드백을 10분 정도 제공한다. 이렇게 해서 40분쯤이면 모임이 마무리된다. 다음 주에는 다른 교실에서 그 교실의 교사가 모임을 주재하며, 논의로 이어지는 진행과정은 똑같다.

이러한 교사모임은 냉소주의와 절망에 맞서는 방어수단이
자 침울한 기운과 잠재적인 극도의 무기력증에 맞서는 일종의
실질적 대응이다. 교사모임은 교사들이 가르침의 내용과 실천
에 집중하게 하고, 학급을 맡은 교사가 피할 수 없는 도전적 문
제와 위기를 솔직하게 얘기할 수 있는 고정된 장소를 마련해
준다.

교사모임의 마법은 교실 속 지혜를 풀어놓게 하며, 교사들
이 서로 진실된 제휴와 협력관계를 맺게 해준다. 학교는 돈을
충분히 써서 외부 전문가나 창업자, 기업가가 제공하는 직업
역량 계발에 교사들이 참여하게 해야 한다. 그 결과 모라토리
엄(지급의무 이행 유예)을 선언하게 되어도 괜찮다고 생각한다.
수평적 직업역량 계발은 참여하는 모든 이에게 무료로, 더 강
력하고 더 강제적으로 제공되어야 한다.

나만의 가르침,
무엇을 특색으로 삼을 것인가?

ABOUT
BECOMING
A 🌱 TEACHER

당신을 단 하나뿐인 고유한 존재로 만드는 징표는 무엇인가?

당신의 관심과 열정을 엮어서 교실 안으로 불러들여야 한다.

우리가 함께 호흡하며 살아가는 이 멋진 세상에서 발견할 수 있는 온갖 경이로움이

어떻게 생겼으며 어떤 느낌인 지 아이들에게 보여주어야 한다.

롭 선생은 4학년을 가르친다. 그가 가르치는 모습을 실제로 본 적은 없지만, 나는 매주 루즈라는 열 살짜리 아이한테서 교실 생활 기록을 받는다. 이 아이는 내게 "저는 롭 선생님을 사랑해요"라고 말한다. 나도 그를 사랑한다. 여기 그 이유가 있다.

내가 두 눈으로 확인한 바에 따르면, 롭 선생의 학급은 늘 흥미로운 도전과 프로젝트로 가득 차 있다. 한쪽 벽에는 비욘세 Beyoncé의 큰 사진이 걸려 있고, 다른 쪽 벽에는 롭과 아이들의 사진으로 매혹적인 콜라주를 만들어놓았다. 이 사진들은 롭 선생이 새 학년을 시작하기 며칠 전에 아이들의 집을 방문해 함께 찍은 것들이다. 루즈는 "선생님은 엄격한 분이에요. 그렇지만 냉정하거나 비열하지는 않아요"라고 말했다. 나는 이 말을 좀 더 자세히 설명해달라고 부탁했다. 그러자 루즈는 "글쎄요, 우리 선생님은 매끄러운 전환에 꽤 신경을 써요. 한 가지 일에서 다른 일로 이동하는 것 말이에요. 그리고 롭 선생님은 이런 작은 주문을 항상 반복해서 외워요. '빨리, 조용히 그리고 질서를 지켜서'."

내가 루즈에게 롭 선생의 가르침에서 대표적인 특색을 묘사해줄 수 있는지 묻자, 루즈는 "네? 뭐라구요?"라고 되물었다. 나는 루즈에게 롭 선생의 학급에 주어진 주제가 있는지, 롭 선생을 특별하고 독특하면서 여느 교사와 달라 보이게 하는 무엇이 있는지, 풀어서 말해주었다. 롭 선생을 교사라고 부를 수 있게 하는 것이 무엇인가? 루즈는 주저 없이 대답했다. "호기심이에요."

생각할수록 정말 멋진 특색 아닌가.

그런데 루즈는 거기서 멈추지 않고 더 자세하게 얘기했다. "모든 아이들 책상에는 각자의 '궁금증 책Wonder Book'이 있는데, 거기에 수업시간이나 집에서 떠오른 질문을 적을 수 있어요. 그 책들은 아이들의 질문과 그 질문을 같이 나누는 아이들 때문에 금세 채워져요. 만약 우리가 롭 선생님에게 질문을 하나 하면, 선생님은 즉시 각자의 궁금증 책에 질문을 쓰라고 말해요. 선생님은 질문에 직접 대답한 적이 거의 없어요. 대신에 이렇게 말해요. '좀 생각해봐' 또는 '감이 올 때까지 기다려보자'고요. 선생님은 가설(열 살짜리가 이런 어려운 단어를 쓰다니, 루즈는 조숙한 편이다)을 세우는 데 도사예요. 선생님은 '구글 검색 금지' '일시적인 기쁨에 안주하지 말 것' 이렇게 말해요." 아이들은 가끔 롭 선생을 호기심 많은 고양이라고 부른다.

롭 선생은 아이들과 자신이 '질문 게임'이라고 부르는 놀이를 쉬지 않고 한다. 이 게임에서는 롭 선생에게 던져지는 모든 질문이 즉각적인(그의 표현에 따르면 부분적이거나 피상적인) 답변 대신에 오히려 롭 선생이 되던지는 질문으로 답변된다. 그는 대화가 계속 이어지기를, 호기심 많은 마음의 기질이 발달해가기를, 모든 자잘한 일들이 실제로는 얼마나 복잡하고 다면적인지 보여주기를 바란다. 그는 아이들이 자기 바깥의 한계에 질문을 던지기를 바란다.

그래서 어느 날 루즈는 이야기책을 읽다가 야생 칠면조의 기대수명이 얼마나 되는지 롭 선생에게 질문했다. 그러자 롭 선생은 "칠면조에게는 왜 턱볏이 있을까?"라고 다시 질문했고, 루즈는 "우리는 왜 이 동물을 칠면조라고 부를까요?"라고 되물었다. 이렇게 이야기는 이어졌다. 무성의한 답변이나 성급한 판단도 없었고, 즉각적인 만족감이나 손쉬운 독단적 가르침도 없었다. 오직 다음 질문 그리고 또 다른 질문이 꼬리를 물었다.

롭 선생은 날마다 교실 앞에서 아이들을 맞이하는 것으로 하루를 시작하는데, 이때 아이들이 원하는 방식에 따라 악수를 하거나 안아주거나 하이파이브를 한다. 그는 아이들이 자기 물병(그는 학기 시작 전에 가정방문을 하면서 아이들 각각의 이름을 적은 물병과 빨간색 매니큐어를 하나씩 나눠주었는데, 이것으로 아이들 마음을 이내 사로잡을 수 있었다)에 물을 채우게 하고, 각자 책상을 잘 정리하게 하고, 조례를 위해 아이들을 불러모으기 전에 몇 분 동안 조용히 책을 읽게 한다.

논의할 소재는 언제나 풍부하다. 롭 선생은 '오늘의 단어'를 제시하는데, 여기에는 창의력ingenuity, 요란뻑적지근한garish, 체계적인methodical 같은 어려운 단어가 포함된다. 농담이 아니다. 학생들은 그날 해당 수업시간에 이 단어들을 이용해 하나의 문장을 만들어내려 애쓴다. 어제 일을 돌아보는 시간도 마련하고 다가오는 내일과 그 이후의 일을 생각해보기도 한다. 매일 아침 각자의 궁금증 모임Wonder Circles이 얼마나 진척되고 있는지 잠깐 이야기하는 시간도 있다. 이 궁금증 모임은 2~3주 동안 한 가지 질문이나 주제를 다 함께 탐구하는 작은 모둠으로, 학급 내에서 그 결과를 발표하는 것으로 마무리한다. 한번은 4~5명으로 구성된 궁금증 모임들이 화석연료, 쓰레기 매립, 철강 생산, 석탄광 등에 대해 탐구했다. 루즈가 속한 모둠은 녹색에너지를 탐구했는데, 마지막 시간에 루즈가 수력발전을 연기하는 최고의 촌극을 상연했다.

롭 선생의 음악적 취향은 다방면에 걸쳐 있다. 학생들이 공부할 때는 재즈나 클래식 록을 배경음악으로 작게 틀어준다. 조례 전이나 조례 도중에는 가끔 대중가요를 들려주기도 한다. 루즈는 트레이시 채프먼Tracy Chapman의 〈왜Why?〉라는 노래를 들었던 날을 기억한다. 롭 선생은 가사를 적어주었는데, 가사에는 그가 평소 흥미를 돋우기 위해 던진 질문이 포함되어 있었다. "온 세상 사람을 먹이고도 남을 만큼 충분한 음식이 있는데 왜 사람들은 굶주릴까?" "우리는 이렇게 많은데 왜 사람들은 여전히 외로워할까?"

그는 가끔 명상시간을 마련한다. 아이들은 각자 자신의 명상 자세를 잡는다. 허리를 똑바로 펴고 앉아서 조용히 눈을 감은 채 손은 아래로 떨군 자세를 취한다. 그러면 롭 선생이 이렇

게 말할 것이다. "우리는 핑크방울 놀이를 할 거예요." 아이들
은 핑크방울을 상상하며 잔뜩 걱정하지만, 곧 천장으로 날아
올라 팡 터지는 거품방울을 몸으로 표현한다. 걱정은 금세 사
라진다.

롭 선생의 교실에는 질문 몇 개가 적힌 화이트보드가 있는
데, 아이들은 일 년 내내 거기에 자기 질문을 추가한다. 처음에
적혀 있던 질문들은 대략 이런 것들이다. "내가 만약 ○○와
○○를 섞는다면, 나는 ○○를 얻게 될 거야." "○○는 항상 ○○
를 좋아할까?" 롭 선생은 다른 포스터에 그 주의 질문Question of
the Week을 적어둔다. "시민으로서 너의 역할을 어떻게 끌어올릴
수 있을까?" "쟁점issue과 문제problem의 차이는 무엇일까?" "네
가 만약 이 학급의 모든 학생에게 세 가지 능력을 부여할 수 있
다면, 어떤 능력을 주고 싶은가? 그 이유는 무엇인가?" 등.

내 생각에는 다른 학생들도 마찬가지일 듯한데, 루즈가 롭
선생을 생각할 때 머릿속에 떠오르는 유일하고 잊을 수 없는
그의 대표적인 특질은 호기심이다. 루즈가 자기 선생님을 사
랑하는 것은 전혀 이상하지 않다. 롭 선생은 호기심으로 루즈
를 사로잡았다.

당신 가르침의 특색이 무엇인지 생각하는 것은 가르침이라
는 어렵고 복잡한 일을 초월하는 한 방법이다. 그렇다. 거듭 말
하지만, 가르침은 진짜 어려운 일이며 또한 괴로워 견딜 수 없
을 만큼 복잡하다. 따라서 당신만의 개인적인 애착, 열정, 관
심, 취미, 즐거움을 교실에 들여놓는 것은 교실에서 벌어지는
일상에 소중한 당신 삶의 즐거움을 엮어넣는 긴요한 방법이
다. 당신은 야구, 5행시, 파이굽기, 구어(口語) 시, 연날리기, 미
스터리 소설, 말장난, 정원 손질, 버섯 재배, 요가, 십자말풀이,
피아노 치기 등을 좋아할지 모른다. 당신의 열정을 학교 정문
앞에 남겨두지 말라. 그런 열정과 관심을 교실 안으로 불러들
여, 그 열정이 숨 쉬고 뻗어갈 수 있는 공간을 만들라.

내 친구 중에 수예와 직물 작업에 정통한 교사가 있다. 이 친
구의 학급 학생들은 모두 학기 초에 무릎용 작은 나무 베틀을
만들고, 일 년 동안 허리띠 베틀과 더 넓은 나바호 베틀 사용법
을 배운다. 교실 뒤편의 책상은 이런 직기들이 독차지하고 있
다. 몇 달에 걸쳐 학생들은 학교에서 함께 경험한 일과 사건을
보여주는 직물 조각들을 만든다.

또 다른 교사 친구는 이야기를 잘 만들어내고 이야기를 정말 잘한다. 이 친구는 수없이 많은 관련 수업과 워크숍을 듣고, 매주 토요일 아침 뉴욕 센트럴파크의 안데르센 동상 앞에서 그때그때 모인 아이들에게 연습 삼아 이야기를 들려주었다. 그는 '전국 이야기작가 네트워크National Storytelling Network'와 '전국 흑인 이야기작가 협회National Association of Black Stroytellers'의 일원이다. 이야기는 하루 일과를 시작할 때부터 마치는 시간까지 그의 수업에서 가장 중요한 부분을 차지한다. 물론 다른 활동도 하지만 그는 정말 훌륭한 이야기꾼으로, 한 해 동안 모든 학생이 좋은 이야기를 만들고 친구들에게 들려주는 법을 여러 번에 걸쳐 가르친다. 그 학교의 모든 이들은 그를 이야기꾼이라고 부른다. 단 한 번이라도 그의 수업을 들은 사람들은 이야기하기야말로 그의 가르침의 대표적인 특색이라고 주저 없이 말할 것이다.

당신이 재주 많은 이야기꾼이나 직물공 또는 호기심 많은 고양이는 아닐 것이다. 그렇다면 당신은 어떤 사람이 될 것인가? 당신을 고유하고 단 하나뿐인 존재로 만드는 징표는 무엇인가? 이런 관심과 열정이 당신 교실에서 적절하게 어울리고 의미 있는 자리를 차지하게끔 어떤 노력을 기울이는가?

스테이시 선생의 교실은 그가 직접 그린 새 그림으로 장식되어 있다. 그는 평생 새를 키우고 관찰해왔다. 그림은 고등학교와 대학에서 배웠다. 스테이시는 14년 경력의 교사로, 도서관처럼 큰 그의 서가에는 『The Hummingbird Book』, 『The Owls Coloring Book』, 『Birds of Prey』, 『Birds of the Amazon』 등 새와 관련된 책이 수십 권이나 된다. 그의 교실에는 패트라는 이름의 앵무새가 있다. 미술 책상에는 각종 물품이 준비되어 있고, 아이들은 자유활동 시간에 이 물품들을 이용해 새집이나 허수아비를 만들 수 있다. 스테이시는 이른바 새 전문가이다.

비다 선생의 교실 앞쪽에는 전자 키보드가 놓여 있으며, 교사 책상 뒤편이나 옆에는 늘 기타가 세워져 있다. 비다 선생은 아이들을 불러모을 때 키보드 화음이나 분위기 전환을 알리는 음악 신호를 보낸다. 수업을 마치고 집에 갈 시간에는 노래를 연주한다. 그리고 자기 교과영역의 수업을 수학 워크숍, 과학 워크숍, 국어 워크숍 등 워크숍이라고 표현한다. '작문 워크숍' 시간에는 피아노를 치는데 이 활동을 'N4N Note for Note'[●]이라고 부른다. 점심시간이나 체육관 가는 길에 복도를 지날 때면 아이들은 다 함께 노래하고 너무 시끄럽지 않게 손뼉을 친다. 비다 선생과 아이들의 이런 행동은 '절대 조용!'이라는 교칙을 의도적으로 무시한 것이긴 하지만, 대체로 참아줄 만한 행동이다. 완전한 침묵에 대한 일종의 귀여운 대안이라고나 할까? 이것이 비다 선생의 독특함이다. 이런 식으로 우리는 점잖은 괴팍함을 허용하는 방법을 배울 수 있다.

잠시 시간을 내서 당신을 대표할 만한 가르침의 특색이 무엇인지 생각해보라. 집에서 보이는 당신만의 특색이 무엇인지, 일상적으로 관심을 기울이는 것이 무엇인지, 활력을 회복하기 위해 여가를 어떻게 보내는지 생각해보라. 그게 무엇인지 밝혀내라. 그것을 엮어서 당신 교실로 가져가라. 그리고 그것이 당신의 전문적 식견을 넓히고 기쁨을 배가하도록 하라. 아이들이 당신 교실에서 배우는 것이 굳이 새를 키우고 관찰하는 법이라든가 버섯 재배여야 할 필요는 없다(물론 그럴 수도

● N4N은 음악이 인류의 보편적인 언어라는 핵심 신념에 기초하여 2007년에 설립된 비영리단체이다. 이 단체는 스튜디오를 마련해 청소년들이 음악을 탐색, 창작, 녹음할 수 있는 기회를 무료로 제공한다. 관련 정보는 https://notesfornotes.org/ 참조.

있다). 그러나 당신은 아이들에게 우리가 함께 호흡하며 살아
가는 이 멋진 세상에서 발견하게 되는 흥분, 목적성, 외경심,
어리둥절함 같은 감각이 어떻게 생겼고 또 어떤 느낌인지 보
여주어야 한다.

10

당신이 꿈꾸는 이상적인 교사상, 어떻게 이룰 것인가?

ABOUT
BECOMING
A TEACHER

언제나 교사로서 당신의 삶을 살되, 가르침의 가치를 비웃음거리로 만들지 않게 하라.

깊이 생각하고 온전히 성찰하여 당신만의 헌신 목록을 작성하라.

당신이 무엇을 위해, 무엇에 맞서기 위해 가르치고 있는지 충분히 이해하기를 바란다.

당신만의 거칠고 자유로운 교사로서의 꿈을 간직하기를 바란다.

여기 휘트먼의 글이 있다. 『풀잎』이라는 책의 생동감 넘치
는 서문 일부이다.

"여기 당신이 할 일이 있다.

대지와 태양, 동물을 사랑하라. 부를 경멸해 멀리하고, 요청하
는 모든 이에게 시혜를 베풀라. 무지하고 분별이 없는 사람들을
위해 항의하라. 당신의 돈과 땀을 다른 사람들에게 바치고, 폭군을
증오하고, 하느님을 두고 논쟁하지 말라. 사람들에 대해 인내하고
관대하며 당신이 모르거나 알려지지 않은 사람들에게 또는 어떤
사람에게든, 많은 사람에게 존경을 표하라. 제대로 교육받지 않았

지만 강한 사람들, 젊은이들과 가정을 이끄는 엄마들을 자유롭게 대하라. 학교나 교회 또는 그 어떤 책에서든 듣고 배운 모든 것을 다시 검토해보고, 당신 영혼을 욕되게 하는 것은 무엇이든 물리쳐라. 그 자체로 위대한 시(詩)인 당신의 몸은, 말을 통해 가장 풍부하고 유창한 시를 쏟아낼 뿐만 아니라 입술과 얼굴의 고요한 선, 속눈썹 사이, 당신 몸의 모든 동작과 관절의 움직임을 통해 유려한 시를 만들어내고 있다……."

휘트먼, 좋은 출발이다. 당신의 백팩에 넣고 다니거나 벽에 붙여둘 만한 행동 목록이다. 이 책은 시인들을 겨냥해서 썼지만, 자유로운 교사에게 주는 아주 멋진 충고로도 볼 수 있다.

몇 줄 안 되는 글 속에 매우 많은 것이 들어 있다. 그렇지만 나는 특별히 "당신 영혼을 욕되게 하는 것은 무엇이든 물리쳐라"라는 문장을 열렬히 받아들인다.

교사로서 이 문장을 고른 이유는 양심에 반해 가르치지 말라는 뜻이다. 어떤 학교에서는 이 사안이 심각하면서도 계속되는 도전거리가 될 수 있다. 또한 언제나 교사로서 당신의 삶을 살되, 당신 가르침의 가치를 비웃음거리로 만들지 않게 하라. 롭 선생이 말한 바와 같이, 가르침에 어느 정도 양념이 밸 수 있게 하라.

캘리포니아의 전설적인 고등학교 교사인 내 동생은 자주 이렇게 말한다. "어쩌면 나는 매일 몇 시간 동안 특정한 시스템이나 주정부를 위해 일하는 직원일 수 있다. 그렇지만 나는 자유로운 매 순간에 모든 삶과 빛의 진수를 추출해낸다. 그것이 내가 진정 원하는 교사로 있는 순간이다." 또한 그것이 그의 헌신이 살아 움직이는 순간이다. 우리의 선택은 아니어도 의무를 다해야 하는 경우가 있다. 그러나 우리는 꽤 높은 곳에서 가르침을 위해 이끌려 내려왔다.

당신의 가르침에 어떻게 다양하게 헌신하고 있는지 열거할 수 있어야 하며, 할 수 있는 만큼 최선을 다해 자세히 설명해야 한다. 그래서 욕실 거울에 붙여놓고 볼 수 있는 간편한 목록을 마련해야 한다. 모순으로 가득한 교실 생활로 또다시 뛰어들 준비를 하면서 매일 아침 조언을 얻고 더 나은 천사로 살아가도록 애쓰게 하는 헌신의 목록 말이다. 이 목록의 내용은 간단하고 진실해야 한다. 당신 자신과 학생들에 대한 근본적인 헌신이기 때문이다.

당신만의 헌신 목록을 작성하기 시작하는 지금, 휘트먼의 서문을 여는 문장을 다시 빌려오려 한다.

"여기 당신이 할 일이 있다."

이제 시작하라.

여기서 내 헌신 목록 중 몇 가지를 공유하려 한다. 이 가운데 일부는 벌써 당신 목록에 있을지 모른다. 어쩌면 서너 가지 항목은 당신에게 공명을 일으켜 당신 목록에 포함될 수도 있다. 그러나 중요한 것은, 깊이 생각하고 온전히 성찰하여 당신만의 목록을 만들라는 것이다. 자, 만들어보라. 벽에 붙여보라.

뒤범벅이 된 실제 교실 생활에서 우리가 이상과 얼마나 동떨어진 존재인지 안다고 해서 굳이 절망하거나 꾸물거릴 이유는 없다. 당신이 도달하고자 하는 이상을 품지 말아야 할 이유도 없다. 우리가 저지르는 모든 실패와 실수를 비판적으로 돌아보면서 하루를 마무리할 수 있도록 노력하고, 이튿날 아침 일어나서 그 일에 다시 도전하면 된다. 어제보다는 더 잘 해낼 것이다.

아래 내용은 내가 매일 교실로 향하는 길에 보고 확인하는 헌신의 목록으로, 나 자신에게 압축적으로 상기시켜주는 일종의 개인용 거울 목록이다.

- 교실 문을 들어서는 모든 학생은 나와 똑같은 3차원적 인간 존재로, 무한하고 측량할 수 없는 가치를 지닌 사람이며 외경심과 존중, 겸허와 인내, 깊은 존엄과 존경으로 대해야 하는 사람이다.
- 오늘 그리고 날마다 우리는 수만 가지 방법으로 다 함께 살아가는 법을 배운다. 우리가 만들어내고자 애쓰는 환경적 조건은 독백, 관리, 통제, 처벌이 아니라 정직, 대화, 자존감, 타인에 대한 존중, 비판적 질문, 공정함, 인정을 특징으로 한다.
- 우리가 하는 모든 일에서 우리는 자유의 기술을 특히 중시한다. 상상력, 독창력, 진취성, 용기, 정열, 창의력, 기업가정신 같은 것 말이다. 또한 우리는 학생의 자신감과 주체성을 확장하기 위해, 학생의 지성을 인정하고 확인하기 위해, 우리 모두를 위한 변혁적 가능성을 생성해내기 위해 일한다.
- 모든 인종차별과 모든 형태의 집단적 억압에, 나는 저항한다.

- 나는 내가 가르치는 바를 실천할 것이다. 내가 아이들에게 책을 잘 읽으라고 할 때, 나 또한 더 열심히 책을 읽는 사람이 될 것이다. 아이들에게 훌륭한 시민 또는 멋진 지역사회 주민이 되라고 말할 때, 나는 아이들에게 좀 더 큰 지역사회에 참여하는 것이 어떤 모습인지 보여줄 것이다.
- 학생들에게 정직하고 진실하기 위해 나는 최선을 다할 것이다(표준화시험에 관해서도, 교육과정과 학교 구조에 관해서도, 인종차별에 관해서도).

이것은 시작에 불과하다. 그런데 벌써 기가 꺾이는 느낌이다. 이 목록에 좀 더 헌신하게 하고자 진실을 말하는 것에 관해 더 자세히 이야기하고 싶다. 아무것도 가공하지 않아 장식이 없으며, 어렵고 별로 환영받지 못하며, 가끔은 파괴적이고 위험한 진실. 그러나 너무나도 당연하게 필요한 진실 말이다.

진실을 말하는 것은 무기 같은 교리를 행사하는 것이 아닐뿐더러 상대적으로 공상적인 세상에서 살아가는 것도 아니다. 진실을 말하려 애쓰지 않는다면, 앞에 놓인 장애물을 극복하고 잘못된 것을 바로잡는 데 효과적인 전략을 세울 수 없다. 진실을 이야기하지 않는다면, 상호 간의 이해에 도달할 수 없다.

따라서 내가 이해한 바대로 학생들에게 진실을 말하기 위해 노력한다. 우리는 함께 움직이면서 더 깊은 진실을 향해 다 같이 싸울 수 있다.

여기 진실을 말하는 것을 실천할 수 있는, 특히 도심(각 지역마다 차이는 나겠지만) 학교에서 가르치고 있는 교사들에게 좋은 사례가 있다. 예비 교사들에게도 적용되는 사례이다. "당신은 희망과 선한 의도를 품고 교직에 왔겠지만, 당신이 몸담고 있는 시스템은 흑인, 히스패닉, 아시아인 등 유색인종과 가난한 아이들을 싫어한다. 너무 가혹하고 완고하며 극단적으로 들릴지 모르지만, 후퇴하거나 물러서지 마라. 지금의 교육 시스템이 아이들을 잘못 교육하게 만들어졌다는 실질적인 증거가 있다. 예를 들어 시카고(학교교육 시스템)에서는 창피할 정도로 예산 부족에 시달리고, 인종분리가 강요되고, 상부의 지시에 따른 숨 막히는 교수법과 수준 낮고 유럽 중심적인 교육과정이 시행되고 있다. 게다가 이 지역의 학교는 충분히 예측 가능할 만큼 사회적 수치심과 배제를 확산하게 하는 불가사의한 규율과 판에 박힌 일상이 지배하고 있다. 이 지역 교사들은 반대 목소리를 내지 말고 이런 끔찍한 일에 별 의식 없이 동참할 것을 요구받고 있다. 우리 모두가 노력해야 하듯이, 나는 이런 상황을 둘러싼 진실을 말하고 또 이런 진실의 목소리가 사람들에게 전달될 수 있게 하는 능력을 기르고자 애쓴다."

흑인사회는 본래 병적이라고, 흑인 아이들과 청소년은 가련하고 위험한 결함의 집합체라고 현란한 말로 꼬리표를 붙이는 미국의 주류 담론은 거짓이다. 나는 가난한 흑인들이 저질렀을 것이라고 상상한 비행에 대하여 빈곤과 인종차별을 동시에 비난하는 꼴사나운 미국인들의 습성을 거부한다. 나는 당신이 나처럼 급진적 사랑과 확장적 공감이라는 생산적이고 늘 희망적인 교훈을 찾아내기를 바란다. 당신의 얼굴색이나 민족성 또는 배경이 무엇이든 간에 이는 모두에게 정말 중요한 문제이다.

특히 백인은 유용한 협력자나 효과적인 조직가가 되어 일할 수 있다. 물론 여기서 협력자라는 말이 적합한 표현이라고 생각하지는 않는다. 이 말은 자선적 접근을 인종차별이나 백인 또는 남성 우월주의, 동성애혐오에 대한 적절한 개입으로 표현하기 때문이다. 우리가 진정으로 인종 간 위계를 허물고 모든 사람이 자유로운 여건을 창출해내려면, 우리는 생활개선 캠페인을 위한 선동가가 아니라 변화·연대·변혁의 행위 주체가 되어야 한다. 감정을 자극해 생색내기보다는 평등·정의·인정·인간화·해방에 헌신해야 한다.

　인간화와 비인간화 — 서로 적대적인 이 쌍둥이는 배움을 둘러싼 전경을 규정한다. 이 두 개념은 일상생활, 열심히 가르치는 일에 관한 윤리적 열정, 힘겹고 가혹한 일, 자주 논쟁적이고 때로는 대담한 일에 꼭 달라붙어 있다. 이 쌍둥이는 서로 충돌하고 싸우며, 어처구니없을 정도로 얽혀서 따로 분리해내기 어려워진다. 우리 앞에 놓인 두 개의 길, 즉 종려나무가 깔린 밝고 아름다운 천국의 길과 가시나무와 찔레나무가 깔린 어둡고 사악한 지옥의 길처럼 명확하게 구분되지 않는다. 그 길의 끝에 깔끔하게 준비된 상자 두 개, 즉 리본과 장미로 장식된 상자와 해골과 두 개의 뼈를 교차시켜 죽음의 표시를 박은 상자가 선택을 기다리고 있는 것도 아니다. 만약 상황이 이처럼 명확하게 구분되는 것이라면, 우리는 언제나 그리고 영원히 천사의 편에 서서 살아갈 수 있다. 그렇다면 따라가야 할 이정표의 문구는 아주 단순할 것이다.

　그러나 실상은 전혀 이렇지 않다. 우리가 나날이 교실에서

하는 선택은 더 모호하고, 더 불투명하고, 더 여러 겹으로 싸여 있고, 더 어렵다. 이런 선택이 뜻하는 바는 늘 명확하지 않으며, 그 선택이 가져올 장기적인 효과는 우리가 알기 어려울 뿐만 아니라 종종 전혀 알 수 없는 것이기도 하다.

　우리는 최선을 다해 비틀거리며 길을 걸어가고 있다. 분명히 희망을 품지만 어떤 보증도 없이 말이다. 앞으로 나아가려는 인간의 역량, 동기, 잠재성, 계몽의 역동적 가능성, 인간 자유를 향한 끊임없는 추구 등, 위기에 빠진 것들을 우리 의식에서 놓치지 말고 붙들어야 하는 더 많은 이유가 있다. 이런 문제들을 검토하고 논쟁하는 데 우리가 도덕적으로 헌신해야 할 이유 또한 충분하다. 꾸불꾸불한 길을 걸어가면서 우리 학생들에게 그리고 이 학생들을 통해 모든 인류에게까지 처음부터 최우선의 헌신을 해야만 한다.

　넓은 세상은 고사하고 우리 학교와 관련된 이런 중대하고 근본적인 선택의 문제가 완전히 인지되지도 않고 논의조차 안 된다는 것은 얼마나 이상한 일인가. 어떤 기술을 배울지에 관한 이야기는 넘쳐난다. 그러나 어느 누구도 해방은 이야기하지 않는다. 교실을 어떻게 관리하고 경영할지, 이에 필요한 규율은 어떠해야 하는지에 관한 세미나라든가 수업계획을 어떻게 세우면 좋은지에 관한 직무개발 워크숍은 많이 열리지만, 자유를 어떻게 가르칠지에 관한 전략에는 아무도 관심이 없다. 1차원적이고 도구적이며 쓸모 있는 것들이 강조되지만, 왜 그것이 필요한지에 대해서는 질문도 이의도 제기되지 않는다. 도덕적이고 윤리적인 쟁점은 무시되고, 눈에 띄지 않으며, 혼란스러운 채로 남겨져 있다. 별 고민 없이 말이다.

교육대학에서도 상황은 마찬가지이다. 대학 교수들과 대학원생들은 가르침에 관한 학술연구를 수행하는 것으로 대우받을 수 있다. 이런 학술 과정은 '진짜 과학'이라는 빛을 비추어 신뢰성에 관한 판단을 흐리게 하고자 감춰지고 은빛 채색이 된 것으로, 전달받은 사고방식, '검증'되었다는 연구방법, 빌려온 논리가 동등하게 구성하고 있다. 그리고 학생들이 교육철학·교육심리학·교육사 영역을 조금 배우고, 교수법 강좌를 몇 개 듣고, 마지막으로 한 학기 동안 이 모든 것을 종합하는 차원에서 교육실습을 하지만, 교사교육과 교사자격 과정은 뭔가 옳지 않은 일을 하고 있다. 이런 (교사교육) 접근법은 생각과 행동의 분리를 구조화하며, 도덕과 윤리를 핵심적으로 논의할 구석이 전혀 없다. 이 모든 체계는 가르침을 인간화하는 사명을 무시하거나 소홀히 하고 있다.

나는 교육대학의 모든 교사교육 과정과 대학원 프로그램이 진취적 기상의 인본주의적 사명에 중심을 둔 연구와 강좌, 이를테면 학생을 동료로 전환하기, 학생과 함께 그리고 학생을 위해 다양한 목소리를 내는 공화국과 지역사회 공동체 만들기, 팔을 들어 세상의 무게 느끼기, 자유를 향한 가르침 등을 제공하기 바란다.

이제 당신은 당신이 가야 할 곳으로 데려다줄, 그래서 당신이 안정된 교직생활을 아무 문제 없이 깔끔하게 해나갈 수 있게 하는 그 어떤 간단한 기술이나 직선으로 된 빠른 길도 없다는 사실을 알고 있다. 교직에 약속된 땅은 없다. 오로지 현실과 가능성 사이에 고통스럽고 부단한 긴장만이 감돌 뿐이다. 나는 당신이 당신 학생의 학생이 되기를, 그래서 대화를 통한 공동체를 만들어가기를 간절히 바란다. 매일 당신이 학교 가는 길에 또는 길을 잃었다고 생각되거나 외롭다고 느낄 때 들여다보고 참고할 수 있도록, 거칠지만 다방면을 포괄하고 역동적인 헌신 목록을 손에 쥐고 있기를 바란다.

나는 당신이 무엇을 위해 그리고 무엇에 맞서기 위해 가르치고 있는지 충분히 이해하기를 바란다. 나는 억압과 예속, 착취, 불공정, 가혹함에 맞서는 교사가 되고 싶다. 자유를 향해서, 계몽과 인식, 자각, 약자 보호, 협력, 관대함, 열정, 사랑을 위해 일하는 교사가 되고 싶다. 내 가르침이 내 학생들의 삶에 그리고 이 학생들이 살아가고 또 새롭게 만들어갈 더 큰 사회와 세상을 위해 조금이라도 가치 있는 것이 되기를 바란다. 또한 내 가르침이 나에게도 어떤 의미를 안겨주기를 바란다. 나는 당신이 당신만의 거칠고 자유로운 교사로서의 꿈을 간직하기를 바란다.

학교 가는 첫날이다. 자, 출발!

오전 4시 30분. 알람이 채 울리기도 전에 당신은 잠에서 깬다. 점심 도시락은 엊저녁에 싸서 냉장고에 잘 넣어두었다. 백팩과 물통은 문 옆에 준비해두었다. 단축된 아침 일과를 위한 시간, 아침 공기를 마시며 아주 짧은 시간 동안 조깅을 하거나 수영 또는 산책을 한다. 깊게 숨을 들이마시고 내쉬면서 마음을 깨끗하게 한다. 뜨거운 물로 샤워를 하자마자 거울에 붙여놓은 당신의 헌신 목록을 보며 되뇌인다. 베이글과 커피 한 잔으로 아침식사를 하고 학교로 향한다. 물 마시는 것을 잊지 말라.

교실은 잘 정리되어 있다. 교실 구석구석에서 당신이 학생과 배움에 대해, 당신의 열정과 우선순위에 대해, 당신의 가치와 한 해 동안 실현할 목표에 대해 고민한 최선의 결정이 묻어난다.

당신은 학생 한 명 한 명을 어떻게 맞이할지 벌써 여러 번 연습했다. 첫마디를 어떤 말로 시작할지, 첫 수업은 어떻게 진행할지, 목소리 톤은 어떻게 맞춰야 할지, 그날의 리듬에 맞춰 일한다고 어떻게 느낄지 등.

당신은 7시까지 교실에 도착할 것이다. 아이들은 8시 30분이 되어야 나타나겠지만 말이다.

아이들도 긴장되기는 마찬가지리라.

숨을 들이마시고, 숨을 내쉬어라.

이 마법 같은 순간이 얼마나 흥미진진한가. 이 순간을 온몸으로 느끼고, 이 순간을 살아내라. 여기에 당신만의 양념을 뿌려라.

당신은 누구에게도 뒤지지 않는 교사가 아닌가!

교사가 되려 합니다
오늘의 교사가 내일의 교사에게 던지는 10가지 질문

초판 1쇄 발행 2021년 2월 17일
초판 2쇄 발행 2022년 2월 15일

지은이 윌리엄 에이어스   옮긴이 유성상
펴낸이 김명희   편집 이은희   책임편집 김미경   디자인 신병근

펴낸곳 다봄교육   등록 2011년 6월 15일 제2021-000136호
주소 서울시 마포구 토정로 222 한국출판콘텐츠센터 305호
전화 02-446-0120   팩스 0303-0948-0120
전자우편 dabombook@hanmail.net   인스타그램 instagram.com/dabom_books

ISBN 979-11-85018-82-9 93370

About Becoming a Teacher by William Ayers
First published by Teachers College Press, Teachers College,
Columbia University, New York, New York USA. All Rights Reserved.

- 다봄교육은 출판사 다봄의 교육 도서 브랜드입니다.
- 책값은 뒤표지에 있습니다.
- 잘못 만든 책은 구입하신 곳에서 교환해 드립니다.